想像與敘述

下冊

趙園　著

目次

想像與敘述
——由明清之際說起

關於「之際」

　　先解釋本篇的副標題：為什麼討論關於歷史的「想像與敘述」而截取的是「明清之際」。最簡單的考慮是，限定時段，有利於深入，避免泛泛之論。學術選擇就包括了限定：限定論述範圍、分析工具、解釋框架。限定範圍是做學術的一般原則。僅由操作層面看，限定時段也有其必要性，即如便於線索的彙聚與縮合。

　　當然，選擇「明清之際」，並不止因了上述理由。

　　「明清之際」的思想史的重要性，經了大量的論述，似乎已無可懷疑。蕭一山說「一部清史，就是一部中國近代史」；他不同意以近百年史為近代史，引李鴻章所說「三千年未有之一大變局」，以為三百年以前（即明清之際），「才是這『變局』的開端」（《清史大綱・引論》，頁 1）。李澤厚則以明清之際為「近代與古代的分野」（《中國古代思想史論・經世觀念隨筆》）。史景遷說，為了瞭解現代中國，有必要追溯；「應該追溯多遠」是一個「關鍵問題」。他解釋自己的追溯的以 1600 年（即萬曆二十八年）為始點，是因為由此開始，「我們才能充分認識中國當前的問題何以產生，而中國人又能如何利用知識、經濟和情感解決它們」（《追尋現代中國 1600-1912 年的中國歷史》前

言，中譯本，頁 4）。1600 年，通常被認為進入了「明清之際」。[1]

　　一種我們所熟悉的論述，是將明清之際（或者明代）比之於歐洲的文藝復興或啟蒙運動時期。思想史家侯外廬認為明清之際有「啟蒙思潮」。他在《論明清之際的社會階級關係與啟蒙思潮的特點》一文中說，其時中國思想家的觀點，「不完全等同於西歐以至俄國的『資產者—啟蒙者』的觀點，然而，在相類似的歷史發展情況之下，啟蒙運動的思潮具有一般相似的規律。」（《侯外廬史學論文選集》下冊，頁 82）周作人考察新文學之所由來，以明末的文學為「現在這次文學運動的來源」（《中國新文學的源流》，頁 29）。在他的論述中，作為「來源」的明末文學（公安、竟陵派，張岱等），與五四新文學，幾乎是同質的。錢基博則徑直說：「自我觀之：中國文學之有明，其如歐洲中世紀之有文藝復興乎？」（《中國文學史（下）》，頁 845）不難注意到的是，以上論述無不著眼於「起源」，關注無不在有關的時段開啟了（同時結束了）什麼。

　　「起源」問題從來被認為有特殊的重要性。近代的「始點」的確認，無疑是嚴重的意義賦予。上個世紀五六十年代曾經被作為「熱點」的關於明代「資本主義萌芽」問題的討論，就包含了與「起源」有關的敘事。[2] 即使「前近代」，強調的也是與起源的關係。所有這些

1　關於「近代」的始點，另有其他判斷。錢穆說：「明代是中國近代史的開始時期，同時也是世界近代史的開始時期。」甚至說，「現代中國大體是由明開始的」（《中國歷代政治得失》，頁102）。蔣廷黻的《中國近代史大綱》則以為近代始於19世紀。該書開篇即說：「中華民族到了19世紀就到了一個特殊時期。」溝口雄三就將東林活動的那一時期劃入「前近代時期」，即「近代的前期，換言之亦即近代的萌芽時期或準備時期」（《所謂東林派人士的思想》，《中國前近代思想的演變》中譯本，頁341）。謝和耐則認為，因了「新的勢力」（即商人階層）的興起，「在宋代時期尤其是在13世紀，透出了中國的近代曙光」（《蒙元入侵前夜的中國日常生活》中譯本，頁37）。

2　侯外廬《論明清之際的社會階級關係與啟蒙思潮的特點》：「中國歷史上的資本主義

涉及「起源」的論述，屬於最具影響力的 20 世紀學術關於明清之際的意義發現。

　　有朋友向我推薦了法國大革命研究專家弗朗索瓦‧傅勒的《思考法國大革命》，那本書說，必須打破「紀念性史學的怪圈」，「必須去掉它給後人留下的常識意義，還它以同樣是歷史學家應具備的……知識上的好奇心和非功利的歷史知識活動」（《思考法國大革命》中譯本，頁 18），其中就涉及了「起源論述」的問題。至於「紀念性史學」，下面將要談到的郭沫若的《甲申三百年祭》，可以作為範本。我注意到，儘管「紀念性史學」以其意識形態功能繼續受到重視，與「起源」有關的意義論述卻已不那麼當仁不讓地居於重要地位。這無疑有利於打開新的視域，打開新的想像空間，使關於那段歷史的思考有可能多方面地展開，也為不同的敘述提供了更大的可能性。事實上，與「近代」有關的起源論述也強力地誘導著我關於明清之際的思考，只不過我對此較為自覺，有意識地抵拒，保持質疑態度，試圖開出另外的路徑而已。走向「近代」是一個已然的事實，問題只在歷史回溯中關於「近代」的設定，我們的敘述中作為了「目的地」的是何種「近代」，以及這整個「目的論」的敘述方式。我質疑的、暗中與之對話的、試圖校正的那種論述，始終伴隨著這項研究。我的經驗是，拒絕一種預設，不但難以脫出那種預設的隱隱制約，而且拒絕本身也造成制約。意識到這一點，必定有益。但也應當說，「起源敘事」仍有可能提供富於解釋力的敘事結構。你不可能達到某種終極的解釋、敘述。保持對自己的研究的質疑、反省態度是極其必要的。這也正是為學術研究所必要的態度、狀態。

萌芽究竟以什麼時代為轉捩點呢？我們以為應以明嘉靖到萬曆年間，即十六世紀中葉至十七世紀初葉，為最顯著的階段。」（《侯外廬史學論文選集》下冊，頁66）

　　另有一種關於明清之際意義的認定著眼於特有，以更直接的、個人的「感受」為依據。侯外盧以為 16 世紀，特別是 16 世紀後半期至 17 世紀的中國，哲學思想之活躍，可以比美於戰國諸子百家爭鳴的時代（《十六七世紀中國進步哲學思潮概述》，《侯外盧史學論文選集》下冊，頁 1）。李學勤序《顏鈞集》，說自己和楊超先生從事《中國思想通史》第四卷的寫作時，「對十六七世紀思想文化的宏富，有強烈的感受」，「特別有興趣於明清之際」，以為「明清之際是中國學術史上的一個大時代」，「大家輩出，其氣魄之盛偉，貢獻之卓異，堪與先秦百家相比美」。情況通常是，「強烈的感受」有可能啟動一項研究。梁啟超曾說明代「士習甚囂」（《中國近三百年學術史》十五，頁 410）。「囂」，換一種說法，未始不就是士氣「張」表現於講學，表現於大規模的「黨社運動」，表現於泰州學派，以及公安、竟陵派的反主流（當然也如「反主流」通常的命運，自身不免終成主流）。所有這些，給人的感覺就是「生氣勃勃」思想、言論、行為。也有的研究者取其一端，比如名士文化，由秦淮河邊的舊院，到晚明小品（小品作者非即名士，但小品往往成為名士趣味的載體）。凡此，都是明清之際的吸引力所在。我自己比較傾向於「特有」這一時期提供的富於深度的思想、言說，某些似乎前無古人而又難以再現的現象、過程，當然更有惟這一時期才有、才能造出的人物。這不消說與我的專業背景有關。

　　明清史的魅力，也因了與近人經驗的相關性不止在時間的相近，也在便於取喻，展開與當前、當下有關的言說。無論「前近代」、「近代」，「資本主義萌芽」，明清兩代的經濟發展與科技成就，不都被作為與「現代性」有關的論述的題中應有之義？

　　事後看去更富於戲劇性的，是明清對抗被認為的與 20 世紀上半期中國的抗日戰爭的相關性。據說「從二十年代末至四十年代，明末

的歷史越來越引起了活躍在中國政治舞臺上的各黨各派的關注，形成
了持續達十餘年之久的『晚明熱』」（王守稼、繆振鵬《甲申三百年祭
及其在現代史學史上的地位》，《甲申三百年祭風雨六十年》，頁 158）。
其間一個標誌性的政治／文化事件，是圍繞郭沫若的《甲申三百年
祭》展開的。

　　發表於五十年後的王戎笙《依然是警鐘重讀甲申三百年祭》一
文，如此敘述事件的緣起：「蔣介石鼓吹的『攘外必先安內』的理
論，是以明末的歷史作為依據的。影響所及，當時各界、各派政治勢
力在談古論今時，都有一個共同的模式：把明朝比作當時的國民政
府，把李自成、張獻忠領導的農民軍比作共產黨領導下的八路軍、新
四軍（或此前的紅軍），把雄踞關外虎視眈眈的清軍比作入侵的外敵
即日本帝國主義者。……這樣的歷史比擬到處傳播，流風所及，形成
了一種思維定式。」（《甲申三百年祭風雨六十年》，頁 170、171，原
載《中國史研究動態》1994 年第 5 期）由同時期的文學與史學看，
這一整套符碼的確嚴重影響了人們想像明末歷史以至讀解史學文本的
方式。[3]

　　發表於「事件」中的葉青《郭沫若甲申三百年祭平議》，指郭的
《甲申三百年祭》「以明朝隱射國民政府」（《甲申三百年祭風雨六十
年》。該文收入葉青編《關於甲申三百年祭及其他》，獨立出版社，
1944 年 8 月）。在葉青筆下，李自成更明確地指涉陝北的共產黨，明

3　北京大學中文系博士生王家康的學位論文《抗戰時期思想文化背景中的歷史劇寫
　　作》，有關於抗戰時期南明題材的歷史劇的分析，以大量材料論述了那一時期南明
　　之為象徵符號。那一時期南明題材的歷史劇，就有阿英的《南明遺恨》（《碧血
　　花》，又名《葛嫩娘》）、於伶的《大明英烈傳》、郭沫若的《南冠草》，等等。那篇
　　論文討論了南明之為符碼的複雜意涵。大致同一時期的學術，與南明劇共用一種想
　　像，即或明或暗地，以明清對應中日。

朝即國民政府，清即入侵的日本，隱喻轉成明喻，與現實對接。《甲申三百年祭》發表前，即有「國民黨的學術機構」發表《論建州與流賊相因亡明》一類文章，被認為以「流賊」影射共產黨武裝（參看收入《甲申三百年祭風雨六十年》的《甲申三百年祭寫作前後》等文）。[4]

關於明亡，錢穆《國史大綱》中的「其時對流寇常以議撫誤兵機，對滿洲又因格於廷議不得言和，遂至亡國。若先和滿，一意剿賊，尚可救」云云，一再被指為系向「國民政府」獻策。直至刊出於1987年的王錦厚的《甲申三百年祭的風波》一文，仍將錢氏的上述議論坐實為惋惜國民黨未能貫徹「攘外必先安內」的策略，以《國史大綱》中的上述內容，為蔣介石《中國之命運》有關內容的注腳；另引周作人文，對周說李自成「比得過明太祖」放過不論，而只摘出其以李為「流賊」；得出的結論是：「國統區、淪陷區的一些文人就這樣熱衷於明季歷史的研究，都想從中找出宣揚《中國之命運》法西斯理論的歷史根據，以便實現蔣介石、日本帝國主義者在兩年之內消滅共產黨及其根據地的狂妄預謀！」（《甲申三百年祭風雨六十年》，頁310-311）「攘外安內」的說法在明代早已有之，到了明末只是被更加頻繁地提起罷了。[5]對張獻忠、孫可望，魯迅也以「流賊」指稱（《病後雜談》）。其實這種提法早已通用，不便據以推斷對農民軍的態度。

出版於2003年的樊樹志的《晚明史（1573-1644年）》，說明軍剿

4 配合郭沫若《甲申三百年祭》，發表在1944年3月19日《新華日報》上的署名文章《三百年前》提到，至今「許多無恥的漢奸所幹的正是當年的洪承疇、吳三桂的勾當」（《甲申三百年祭風雨六十年》，頁44）。同年4月18日《解放日報》轉載《甲申三百年祭》編者按，也提到了「無恥地投降了民族敵人引狼入室的吳三桂之流」，及「現在有些吳三桂們」（同書，頁89-90）。
5 洪武三十一年明太祖敕燕王朱棣，中有「攘外安內，非汝其誰」云云（《國榷》卷一〇，頁782）。

「賊」所以功敗垂成，乃因崇禎「在攘外安內的兩難選擇中作出了錯誤判斷，致使形勢發生劇變，坐失安內的大好時機」（頁988），已不認為應有所避忌。我還注意到樊樹志用「內戰內行外戰外行」評論洪承疇（同書，頁1033）。[6]寫於2006年的陳生璽《明清易代史獨見》增訂本前言，說明朝「本可以與清方議和，獲得暫時喘息的機會，先專力解決農民軍問題，然後再解決遼東問題」（頁2）。不用「安」、「攘」字面，說的是同一問題。有關「安」、「攘」的話題的開放，意味著其敏感性的消失，卻不能理解為隱喻層面所指涉的「歷史」的重新評估那是另一回事。第一個將抗日戰爭與明清對抗比擬的是誰，或已難考。這一套比喻因發展得相當完整，難免暗中介入我們關於明清之際的想像，滲透進了我們的有關知識，或多或少地塑造了我們看取明末清初歷史的方式。於是有了奇特地疊印的「歷史」真是一段特殊的歷史因緣。對於所謂一切歷史都是當代史，這或許是一個極端的例子。[7]

---

6 樊樹志的《晚明史（1573-1644年）》第十一章標題為「民變蜂起：舉棋不定的撫與剿」，第十二章標題為「攘外與安內的兩難選擇」。樊氏該書說，到明末，「安內方可攘外」，其實是一個「傳統話題」，楊嗣昌不過重申而已；「在當時不少有識之士看來，必須首先解決內憂才能排除外患」（頁971）。同頁注3：「遠的且不說，萬曆朝的政治家張居正也曾說『欲攘外者必先安內』，見《張文忠公集》卷一《陳六事疏》。」該書另一處說，今天的人們倘若「設身處地從明朝的視角觀察時局，那麼不得不承認，楊嗣昌所闡述的攘外必先安內的方針，實是當時唯一可取的選擇」（頁972）。很難斷定寫作《國史大綱》的錢穆意在影射，還是在說一個關於明末軍事的老話題。

7 20世紀上半個世紀，辛亥革命、五四新文化運動、抗日戰爭，影響於學術活動，是學術史考察的內容，這裡需要的是知人論世。傅斯年的《東北史綱》初版於1932年。卷首《引語》曰：「滿洲本大明之臣僕，原在職貢之域，亦即屬國之人」（《傅斯年全集》第二卷，頁375）。該書撰寫時，「東事」正亟，開篇即道：「中國之有東北問題數十年矣」（頁374）。王汎森說：「《東北史綱》是傅斯年在『九一八』事變之後心焦如焚下趕出來的作品，主要是為了說服國聯李頓調查團東北自古以來是中

　　所有這種想像、類比，都妨礙了我們「空著雙手進入歷史」（語見溝口雄三《關於歷史敘述的意圖與客觀性問題》，《學術思想評論》第11輯，吉林人民出版社，2004），卻又使我們保有了對於這一時段的新鮮之感猶之對於近世近事。我們說歷史「活著」，說歷史「活在……」，問題是緣何活著，活在何種情境、問題、論述中。記憶緣何被喚醒？類比緣何而進行？明清之際這一段往事的一再被翻動，也可以作如上的追問。某種意義上可以說，明清之際是因了發生於其後的事件、過程而得到解釋，獲取意義的。這段歷史也就借此而「活在」當代尋找資源（來自往事的啟示、支持），尋求象徵，探尋對當前、近事的詮釋以至描述方式。

國領土」（《思想史與生活史有交集嗎？》，《中國近代思想與學術的系譜》，頁325）。錢穆《中國近三百年學術史・自序》：「斯編初講，正值九一八事變驟起，五載以來，身處故都，不啻邊塞，大難目擊，別有會心。」該書初版於1937年（商務印書館）。錢氏《國史大綱》完稿於1939年，《書成自記》中說，1937年，「盧溝橋倭難猝發，學校南遷」，輾轉流徙，「自念萬里逃生，無所靖獻，復為諸生講國史，倍增感慨」（頁3）。《引論》則有「異族統治垂三百年，其對我國家、社會、文化生機之束縛與損害，固已甚矣」云云（頁20）。據說錢氏在西南聯大講授此課時，「總是充滿了感情，往往慷慨激越，聽者為之動容」（何兆武《歷史理性批判散論・自序》，湖南教育出版社，1994）。錢穆曾激烈地批評明初士人的元遺心態，指摘那些士人昧於《春秋》大義。蕭公權則表明其尊夏攘夷，認同王夫之、呂留良的「民族主義」。蕭氏的《中國政治思想史》初成於1940年，五年後由上海商務印書館出版。諸書情緒激越處，的確要部分地由所處歷史情境來解釋。分享了類似想像的，還有蕭一山的寫成於1944年的《清史大綱》。該書的內容安排以「民族革命」（包括反清複明）為主線，畸輕畸重，「時代印記」格外顯明。蕭氏以反清與反「帝國主義」（包括反「列強」與抗日）為「始終一貫」的「民族革命」、「民族解放運動」（《引論》，頁1-2）。該書上海古籍出版社版杜家驥《導讀》中說，「由於作者把滿漢民族矛盾與中國和東西方帝國主義列強的矛盾視為同一性質，因而混淆了反對外國侵略中國的民族運動和國內反滿活動之本質」（頁12）。但蕭一山又有如下說法：「第一期滿清和列強，都在壓迫我們，到第二期滿清和我們『同等共處於中國之內』，只剩下列強了」（《引論》，頁8）。他對此的解釋是「變」，也令人可感尋求正確表述的努力。

即使不完全屬於起源論述，明清之際也往往被作為一種長時段考察的始點。梁啟超的《中國近三百年學術史》，錢穆的《中國近三百年學術史》，有關學術史的考察，均以 17 世紀、明清之際為始點。河北教育出版社「二十世紀中國史學名著」孟森一集，王鐘翰的《前言》有如下設問：「孟森既是清史最高權威，何以其著作被收入《明清史論著集刊》而不獨標清史之名？」在我看來，「清史專家」這一身份對於孟森不全適用。科場、奏銷等案，王紫稼、橫波夫人、金聖歎等人物，均在「之際」，涉及兩個朝代。學術前輩的實踐，為歷史研究不必為斷代所限提供了例證。至於大量文化現象的研究，也必待追溯；至於追到哪裡，不消說取決於你的知識準備與思想能力。

王夫之說：「《易》有變，《春秋》有時，《詩》有際。善言《詩》者，言其際也。寒暑之際，風以候之；治亂之際，《詩》以占之。」（《詩廣傳》卷四，《船山全書》第 3 冊，頁 458）國家不幸詩家幸，賦到滄桑詩便工，說的是文學寫作的條件，屬於古人的經驗之談。詩人善寫治亂之際，確也是文學史的一種事實。馬克思有關於藝術的繁榮時期不與社會的一般發展成比例，不與物質基礎的一般發展成比例的著名論斷。[8]發生在明清之際的文學過程，大可為馬克思的上述論斷作註腳。

我自己的研究，更與短時段的政治史有關：肯定「易代」作為政治事件的意義，同時力圖探入「深層」，即易代中社會、人生變動的深層原因及意義。當然，在實際研究中，也極力伸展，向上向下，伸展到嘉、隆之際，以至明初力圖兼有長時段與短時段的視野。即使不認為「政治」在歷史視野中據有核心位置，也無須蓄意貶低政治在歷

8　馬克思：「關於藝術，大家知道，它的一定的繁榮時期決不是同社會的一般發展成比例的，因而也決不是同仿佛是社會組織的骨骼的物質基礎的一般發展成比例的。」（《政治經濟學批判導言》，引自《馬克思恩格斯論文藝和美學》，頁536）

史生活中的意義。「政治」在人性中,在人的世界中,在錯綜複雜的人的諸種關係中。它不是外在於人的「背景」、「佈景」;在許多情況下,它確乎是「人的生活」的一部分,甚至不外在於「日常」。「政治」與「日常」原非對立兩項。將「日常」設定為排除了「政治」、「重大事件」、「特殊時刻」,何嘗不是出於偏見!

當然也應當想到,以改朝換代為特殊歷史瞬間、為界標,難免於政治史傳統視野的限囿,比如預設了變與常。意識到這一點,有利於達到複雜性,也有助於保持研究中的反思態度。任一時代即使正史所謂的「王綱解紐」、文人所說的「天崩地坼」,都有變與不變,這本是常識,卑之無甚高論,困難在於描述、展現變與不變糾結纏繞的具體過程,複現生動豐富的「歷史生活」。需要追究的就有,發生在這種時刻而被既有的論說所刪節的,是一些什麼。我相信上述「歷史瞬間」、「危機時刻」的歷史生活,遠未被充分地清理;無論「正史書法」,還是近代的學術文體,都妨礙了呈現。

至於我自己,則並非想清楚了「易代之際」的意涵,才動手做研究的,也證明了已有的預設、既經形成的視野對於研究者的誘導。即使如此我也相信,並非任一改朝換代的時刻都有同等的研究價值。使我事後肯定了自己當初的選擇的,不是上述已成共識的「思想史意義」,而是人物及其言說的分量。在我看來,「明清之際」提供了審視「人在歷史中」的富於深度的材料。而這一時段在解釋方面的爭議性,其可供想像的空間,再敘述的可能性,確也不是任一「之際」所能比擬。我對這一時刻的重要性的感受更來自閱讀。借助於「明清之際」這一歷史瞬間的特定性,其對於士人命運的影響,有助於在兩個方面的入深:人,與歷史。人在這一時刻的反應,處這一時刻的姿態,其中正有我所感興趣的「人的世界」的豐富性。這種豐富性確也在一個瞬間、時刻集中而廣闊地展開。明清之際之於我,不是現成的

大概念的個例，相對於已知「一般」的「個別」，而是一段有自身生命的歷史生活。這種具體性自然來自對具體的士的解讀，即我所謂的「讀人」。我的興趣始終更在這段歷史生活中的人的命運，人對其命運的思考。我相信這個「之際」的意義還有重新發現的可能。當然，這意義既然在相當程度上由「研究」所開發，也就隨時可能被後起的研究所質疑、校正。

想像明清之際

　　想像與敘述，都是太大的問題。討論有關的理論問題非我所能，還是由我自己的研究所涉及的具體方面入手。我能與大家分享的，或許只是對有關研究的「思考」。

　　胡曉真在《世變與維新晚明與晚清的文學藝術》一書的《導言》中寫道，用了「簡單清楚的邏輯」，「無法完全解釋何以明清之際在中國知識份子的心目中，一直保有魔咒一般的魅力」，她以為晚明的獨特魅力，「在於其兼具『結束』與『開始』的詮釋可能性。正因如此，急於反省『結束』之將至的晚清，與切切盼望新文明之『開始』的五四，都能分別在晚明文化中找到自己想要的蛛絲馬跡」。另一位臺灣學者龔鵬程則在其《晚明思潮》一書中，揭示了既有的晚明想像背後的思維結構、理論預設，試圖說明五四時期的晚明想像緣何而成為普遍的知識。[9]

　　其實關於晚明，五四時期的知識人之間並沒有想像的一致性。魯迅與乃弟周作人的明代、明末印象已大大地不同。魯迅的《小品文的

9　我所知大陸近年來的博士論文，涉及此一方向的，有北京大學中文系博士生秦燕春的學位論文《清末民初的晚明想像》。該論文已由北京大學出版社出版。

危機》一文說:「明末的小品雖然比較的頹放,卻並非全是吟風弄月,其中有不平,有諷刺,有攻擊,有破壞。這種作風,也觸著了滿洲君臣的心病,費去許多助虐的武將的刀鋒,幫閒的文臣的筆鋒,直到乾隆年間,這才壓制下去了。」(《魯迅全集》第四卷,頁 576)還說,「大明一朝,以剝皮始,以剝皮終」(《病後雜談》,《魯迅全集》第六卷,頁 167);甚至說「唐室大有胡氣,明則無賴兒郎」(《致曹聚仁》,1933,《魯迅全集》第一二卷,頁 184)。這自然是雜文家的明代,與文學史家的明代全然不同。也如關於文學有「印象式的批評」,對於歷史,也有印象式的判斷,並不就能用了「模糊影響」而抹殺。印象式的判斷不假論證,卻未必無中生有,問題在印象從何而來。周氏兄弟對晚明的不同想像,與他們對當世的觀感、處當世的姿態無疑相關。無論周氏兄弟還是其他人,以晚明注當代,據當代讀晚明,「互文性」的根據,都在當時當世的時代空氣與知識者的自我認知中。值得追問的是,不同時代間的關聯,是如何經由想像與敘述形成的?[10]

　　進入有關的課題之後,殊覺有趣的,是明清史研究者的「立場問題」。或者不用這樣的意識形態化的說法,而說「位置」問題研究者相對於研究物件的位置,他自處的位置。溝口雄三曾說過,「《明史》編纂者的立場是徹頭徹尾親東林的,凡是被東林黨攻擊過的人物,其

---

10 不但同一時期的人物如周氏兄弟,而且思想史與文學史中的晚明,也並不重合。由文學研究者那裡,你讀到的通常更是詩意的晚明,關於晚明的詩意想像。而文學研究關於晚明的製作,較之其他學科的晚明論述,的確更深入人心。思想史則固然強調那一時期思想的活躍,卻也強調衝突、對抗被作為「活躍」的一種條件。我承認那種詩意的「晚明」、「晚明士風」,不屬於我的閱讀經驗。這裡涉及的並非「真實」與否的問題。我與其他研究者依據的材料不同(或主要為文人、名士的詩文,或更包括了其他士人的文集),意圖有別。由此也可以為「整體主義」、「本質主義」的局限作證。對同一性、同質性的耽嗜,從來妨礙著更深入地「進入」歷史生活。

傳記的撰寫，全都是經過這種有色眼鏡的過濾」（《中國前近代思想的演變》中譯本，頁376）；他以為「不如把《明史》看作東林派的最後的政治勝利」（同書，頁250注5）。證明溝口先生說到的這一點，固然可以考察參與《明史》纂修者的黨派背景，卻更要瞭解萬曆、天啟以還的言論氛圍，明亡之後「黨爭」的繼續以至東林觀點成為「定見」、「定論」，普遍的歷史知識、常識。這裡有明代歷史在清代延伸的一種形式，文字、言論形式。

萬曆以降的「黨爭」，「天啟奄禍」，經由各種形式的敘述，影響至於關於晚明的想像，獲得了非同尋常的重要性。清初李玉等人有劇作《清忠譜》，關於東林、蘇州市民的反奄；稍後，則有孔尚任的《桃花扇》，將東林子弟、複社人物的反奄作為構造戲劇衝突的主要線索。《桃花扇》「借離合之情，寫興亡之感」，「興亡」本應更在明亡清興，孔的文章卻偏作在明末黨爭上，關心在有明「三百年之基業，隳於何人？敗於何事？」將黨爭作為導致明朝敗亡的主要原因。這種思路無疑合於清朝當道的胃口：明朝自取滅亡。[11]

通常關於明代的想像，無非「特務政治」（東廠、錦衣衛），以及名士才媛，錢謙益、柳如是，冒襄、董小宛。這是武俠小說、言情小說及影視作品中的明代。英雄血、兒女淚，俠骨柔情，都是大眾文化中的「看點」。而以為清取代明是天意，明亡於自身的腐敗，也多少出於大眾文化的製作。因了在明清對抗中的失敗，故而明末像是一片黑暗史學家所見不應如是。清人拿明代說事兒，自不妨模糊影響，近

---

11 可以比較孔尚任的《桃花扇》與歐陽予倩作於抗戰初期的《桃花扇》。後者以明清對抗為情節的重要背景，李香君的「貞」的最高表現，即因侯方域的應試（即失節）而悲憤致死是孔尚任絕不會如此寫也不敢寫的。同一「貞」，一在嚴於正邪之辨（東林、複社與魏黨），一在嚴於夷夏之大防。抗戰時期左翼知識人以明為亡於自身的腐敗，亡於崇禎；國民黨一系人物，則以為亡於流寇各自拿明說事兒。王家康的博士論文對此有分析。

代學術卻應當另有眼界。錢穆一再說不要根據某些材料即說中國文化不好、民族衰老（《中國歷代政治得失》），針對的也是那種非學術的態度。

忠烈劇，言情劇在建構「想像」、塑造「印象」方面，學術研究永遠敵不過通俗文化。明代活躍的小說寫作、戲劇演出，與事件近乎同步。柳敬亭一流人物的說書，所說往往有當代人物、事件。君子／小人，正人／奸佞，早已規範了由士大夫到小民看取近事的眼光。歷史詮釋中的認同，在關於明代黨爭、明清之際對抗的敘述中，幾乎難以避免。東林情結與遺民情懷，由明到清，即使在近人那裡也不難察知。易於激發情緒的，還有被指為「倡狂自恣」的「左派王學」。[12]經了戲劇化的明代，更像是兩極世界，敘述者往往取極端對立，而將諸多仲介形態刪略了。在被情節化了的「歷史」中，「同情」總易於找到物件。那種被極端化了的情境，確也將某種普遍經驗涵括其中，使人從中讀出自己熟悉的故事或故事成分。

「親東林」作為一種態度，在近人的史學著述中確也隨處可感。錢穆的《中國近三百年學術史》比較明清之際學術與乾、嘉之學，說的是「明清之際，諸家治學，尚多東林遺緒。……不忘種姓，有志經世，皆確乎成其為故國之遺老，與乾嘉之學，精氣／絕焉」（《自序》）。該書一再談到「乾嘉考證之學」與「東林之學」「意趣之不同」（如第一章，頁 19-20），甚至說，「謂清初學風盡出東林，亦無不可」（同上，頁 20）。凡此，無異於在說自己的去取、趨舍，說學脈、精神血脈、系譜。以明人的是非為是非，以明代「正人」的是非為是非，以東林、複社的是非為是非已經很難理清我們有關明代的知識，

---

12 嵇文甫《晚明思想史論》關於王學，就用了「自由解放的精神」，甚至「自由主義和現實主義的精神」一類說法。

在何種程度上受到所謂「正史書法」、史家的「東林立場」的影響：關於黨爭、「奄禍」、君子小人……僅由這一點看，豈不有必要審查我們的歷史知識、情感態度之所從來？

我還注意到有清一代直至近代，關於明清的論述、敘述中的明人、明遺民態度。全祖望就是一例。臺灣學者王璦玲分析孔尚任的《桃花扇》，說「孔尚任作《桃花扇》確有悼明之悲，這種『悲』雖並無反清複明之意，但仍有萬分的激情」（《明末清初歷史劇之歷史意識與視界呈現》，《世變與維新晚明與晚清的文學藝術》，頁292）。全祖望亦然。悼明是真的，未必就反清（或無意反清）。這確實值得玩味。問題在於，何以此一番興亡刻印如是之深，此「悼」能持久地保有「萬分的激情」？整個20世紀前半期，辛亥革命的排滿，像是餘響不絕；論明清者往往襲用明遺民、清末志士的口吻。孟森《明元清系通紀・自序》（1934）說自己「慎之又慎，不敢徇一時改革之潮流，有所誣衊於清世」。也要置諸當時的時代氛圍中，才能知曉孟氏何以如此鄭重申明。你於此又覺察到了晚明的魅力，一個朝代覆亡的魅力像是有一種慘烈淒豔驚心動魄的美。「覆亡」而「美」，是否也有「歷史的吊詭」？前此任何一個朝代的覆亡，似乎都未曾得到過如明亡這樣淋漓盡致的書寫。

明清之際的史學（包括「遺民史學」），清代史學，直到近現代史學，在關於明代、晚明、明清之際的敘述中，「認同」問題始終突出。我並不認為歷史研究者應當不偏不倚，但上述「認同」的確是個需要嚴肅對待的問題，關係到史學家的自我定位，以至敘述的「客觀性」有無可能，等等。仍然是孟森，說：「清史一科，固以糾正清代官書之諱飾，但亦非以摘發清世所諱為本意。」說自己「為保護清室之意少而為維持史學之意多。故雖不信官書，亦不聽信世俗之傳說，尤不敢盲從〔辛亥〕革命以後之小說家，妄造清世事實，以圖快種族

之私，而冀聳流俗好奇之聽。」（《明清史論著集刊正續編》王鐘翰《前言》引孟氏語）涉及的也是史家的站位。「維持史學」不免籠統。明清易代後，明遺民（如潘檉章）及其他有志於故明「國史」者（如錢謙益），都曾以糾正明代官書之諱飾為治史的入手處。但由孟氏說來，仍然令人感到重新確定史家立場的努力。[13]

關於明、清兩個朝代，有不同角度、層面的比較。溝口雄三說，「重田德將清朝專制體制規定為地主政權式的專制體制。這是為了把它區別於明朝體制的『個別的人身統治』。從政治思想史的角度來探究的話，我們可以認為這種變化便是由一君德治的君主主義向分權公治的君主主義的轉變。」（《中國前近代思想的演變》中譯本，頁435-436）溝口在該書中還說：「在以往的思想史研究中，清朝被看做是個黑暗的時代，但如果說分權公治的理想被清朝的權力吸收實現了的話，明末黃宗羲激越的君主批判，必然帶給清朝某些影響，所以說，今後有必要對清朝思想作出新的評價。」（頁447）在我看來，更基於推理、推論，缺乏切實的制度研究作為支撐。有溝口雄三的明／清，也有錢穆的明／清。錢穆關於「清初政制」的分析，涉及士在清初一個時期的言論空間不止體現於一些事件，比如文字獄，更體現在制度性的安排。他比較了明代的「言官」（給事中）這一角色在清初政治中的職權、功能。至於見之於禮儀方面的（三跪九叩），還只是表層。[14]無論由何處著眼，兩個朝代之間都像是構成了天然的對比，

---

13 也有清人立場，即如在關於清初三藩之變的敘述中可見正統論的深入人心，以至習為不察。另有較為隱蔽的「立場」問題。莊吉發《清代奏摺制度》有「清初擴大採行奏摺制度以後，政治益臻清明，行政效率提高」云云。但由該書所用材料看，清廷的奏摺制度，毋寧說更有利於言論控制。

14 由對士大夫的抑制、鉗制，由集權、專制的方面看，你的印象會與得之於清宮戲的大大不同。清宮戲中的開明君主、清明政治（雍正），世俗想像中的平民皇帝（康熙），風流天子（乾隆），也如包公戲關於廉潔政治、威權政治的想像，表達的是一

互為映照不止因易代中的對抗，也因設施、氣象、氛圍，因而理應引出更多層次的比較。

關於明／清，有政治學、經濟學、社會學、文學以及其他學科的考察角度，我的興趣卻始終在「士」、「知識人」的生存狀況與思想。也因此，我的閱讀經驗更與錢穆相近。由知識人的角度、由士的生存狀況感受兩個朝代，士的言論空間，無疑會受到特殊的關注。你會更留意於明代活躍的言路、清議，大規模的講學與「黨社運動」，由此而來的「氛圍」、「意境」。對於清初，較之攤丁入畝，你也會更留意加之於士大夫的迫害（奏銷案、文字獄等）。還應當說，雖曰「明清之際」，我的關注更在此「際」的明代一方。涉及清初，幾以明遺民的活動為限。明遺民即使被視為清人，作為過程的「明遺民現象」，也更宜於看作明代在其後朝代中的延伸。對清初歷史，由明遺民的方面看取，角度本身就構成了限制。研究其他「之際」亦然。由上而下，由下向上，所見之不同是不難想見的。由元看元明之際，會對擴廓帖木兒（王保保）、庚申君（元順帝）以及眾多的元遺民更有興趣，對明施之於元遺民的迫害更敏感，對士人由元入明的過程更關注，而元末明初值得研究的題目絕不限於此。

研究者縱然立意超脫，仍然不可能脫出自己所處時代、這時代的問題。他們的「問題意識」不能不是在自己的時代中生成的。1985年黃子平在為我的《艱難的選擇》（上海文藝出版社，1986）所作《小引》中說，研究知識者的，自身也是知識份子。既要窺見鏡子中的映象，又要考察那鏡子；而「檢查『鏡子』者亦照入鏡中，我們看到了雙重的映象。以後又會有人來考察這一考察，多半又會映入其

種普遍的期待，與「實際歷史」基本無關。在這種想像活動中，今人較之古人，往往並無不同。

中。於是我們獲得一種疊印的豐富性」。這也應當是學術工作的趣味所在，同時證明了研究者隨時反省、審視其所處「位置」的必要性。在涉足明清之際之後，我想到，不在明清之間選擇立場，既非明遺民立場，亦非清人、清廷立場，是完全可能的。

上面提到的「立場」，上個世紀90年代以來，發生了極其戲劇性的變化。在這期間，大眾文化中的明清，普遍的知識狀況中的明清，大大地不同了。這種變化是怎樣發生的，是文化研究的課題。發表於《讀書》雜誌2004年第12期的劉正愛的文章《「恢復」赫圖阿拉城》引用了這樣一條材料，即1956年2月8日國務院頒佈的《關於今後在行文中和書報雜誌裡一律不用「滿清」的稱謂的通知》。該《通知》說：「『滿清』這個名詞是在清朝末年中國人民反對當時封建統治者這段歷史上遺留下來的稱謂。在目前我國各族人民已經團結成為一個自由平等的民族大家庭的情況下，如果繼續使用，可能使滿族人民在情緒上引起不愉快的感覺。為了增進各族間的團結，今後各級國家機關、學校、企業、各民主黨派、各人民團體，在各種檔、著作和報紙、刊物中，除了引用歷史文獻不便更改外，一律不要用『滿清』這個名稱。」[15]那時的人們無從想像幾十年尾碼了辮子的紅纓帽竟會成為時尚童裝，而清初帝王贏得了如此廣泛的崇拜。[16]熟悉毛澤東關於「帝王將相」、「才子佳人」的著名批示的文化人，也不會想到有一天「王朝」、「王府」作為招牌會被認為有如此的商業號召力。至於清宮戲背後的「情結」，似乎更複雜，的確是有價值的分析材料。

---

15 儘管辛亥革命後有「五族共和」之說，但五族之一的滿族，因了剛剛過去的革命，難以被與其他四族（漢、蒙、回、藏）等量齊觀。至於「民族大家庭」的說法，1949年之後，才漸漸深入人心。

16 我曾前後觀看了話劇《白門柳》和新編昆曲《桃花扇》，兩劇都將明亡的原因歸結為明自身的腐敗。以明末的腐敗與清前期的「聖君賢相」為對照，明清間的比較被大眾文化大大地簡單化了。

　　即使與大眾文化層面不同，學術也發現了不同於上個世紀二三十年代的明清。黃宗智說：「在歷史學界，西化論和反西化論同樣對立，並在其張力下形成了一個古怪潮流：把清代中國說得十分美好，說它是中國歷史上市場經濟最發達的『高峰』，與十八世紀英國並駕齊驅，甚至領先世界。從經驗證據來說，這是完全違背實際的觀點……它之所以能夠仍舊具有一定的影響，其部分原因是出於民族感情：等同傳統中國與西方，使人們感到驕傲。」（《悖論社會與現代傳統》，《讀書》2005 年第 2 期）整個 20 世紀與清代有關的論述千回百轉，足以映照社會歷史與學術文化的變遷。由二三十年代作為餘音的「反清」、「排滿」，到五六十年代的刻意隱晦，到 90 年代後如黃宗智所說的那樣出自另一種「民族感情」的美化清代，以至大眾文化的「褒清貶明」，其間埋藏了何等曲折複雜的線索有待繼續清理！

　　另有由社會性別關係方面的發現。曼素恩《綴珍錄十八世紀及其前後的中國婦女》一書認為，盛清時期「是作為中國婦女史上一個舉世無雙的時期而存在的」；由這一角度會發現，清軍入關標誌著「自晚明以來傳統的破裂」，社會性別關係的轉變。「這迫使我們重新評價滿族的認同與價值在清朝社會組合中的重要性」（中譯本，頁 7。按「盛清」指清代中期）。明清易代那個瞬間所帶來的，竟有如此豐富！

　　上文已經談到，明亡與清興，並不簡單地是一張紙的正面與背面；就學術研究而言，這是看取歷史的兩個不同的角度。魏斐德的《洪業清朝開國史》由「清朝開國」的角度進入這段歷史，提出的問題是，清取代明是如何實現的？滿族統治者何以能在漢族聚居區立住了腳跟？孟森的《滿洲開國史講義》上溯至清的前史，即建州女真的歷史，是一種關於「來歷」的探究。而我的關心更在明是如何被取代的。這是不同方向上的考察，不但重心不同，問題也不同。提問者所選擇的位置，相當程度地影響到了觀察的視角以及觀察的結果。可以

相信的是，簡單的因果論（以明亡為清興之因），無助於對複雜的歷史過程的把握。而我們常常遇到的是，據明看清（如清初明遺民），由清看明，由此產生的論述，往往連同其視野一起被後人接受，而不意識到那論述所從發出的情境。

即使決意不在明清間選擇立場，並不就能保證沒有成見、偏見，先入為主。對自己的學術工作保持反省態度，隨時審視我們看取物件的眼光，「進入歷史」時之所攜帶，不自以為客觀、超然，符合從事學術研究的「工作倫理」。審查你展開論述時的狀態，警戒著將有待澄清的東西作為不言自明的前提，是必要的。即使永遠不能抵達「原來的歷史」，也無妨保持向那個方向的努力，而不是藉口「詮釋」，為隨意性辯護。為此有必要剔除「歷史」當著被象徵、隱喻地使用時的附加值，僅僅出於「現實需要」的意義追認。向那個方向的努力有可能大大偏離，但不試圖「向那個方向」，會使想像與敘述流為智力與文字的遊戲。

還有必要追問我們是憑藉何種材料展開想像的。即如我所處理的「話題」，就不能回避是誰的言說。我的論述中籠統的「士大夫」，在經濟史專家那裡，被區分為庶民地主／特權地主（貴族、鄉紳地主）；身份性地主／非身份性地主；大土地所有者、大地主／中小地主，等等。而思想史談論的則是知識人（士大夫）、知識群體（士群體）。不同的分類方式各有其適用性。不同角度的觀照不必（也不可）相互替代，卻有可能互為補充，這有助於豐富對同一事象的瞭解。在很多情況下，複雜化、細化，是必要的。此外還有必要想到，你所讀到並據以想像的，只是「士論」。士有表達，且有可能存留而成為「文獻」，「四民」的其他「民」，作為沉默的大多數，卻只能在被士人書寫的文獻中片段零星地偶爾現身，且無從質證。他們通常更在有關「社會經濟」的描述中，作為該段歷史的物質生活的承擔者，

被設想、推論,是複數且形象模糊不清。你不可能復原歷史,重新構造出其時的「民」。認識到這一類的局限,會使你在處理材料時隨時意識到限度,保持慎重。

或許可以認為,有以自身(即學術)為目的的史學,以及以「鑒借」為旨趣的史學。我所讀士夫文集中的史論,多半屬於後者。孟森因「時事」、「近日之事」而考明清間事,如《王紫稼考》,看起來不像是「為學問而學問」動機不一定是,方式則是嚴格學術的。至於我自己,則力求節制,避免影射、比附,借題發揮。影射、比附之弊,不止在損害學術,且不可避免地會簡化歷史,同時簡化以「類」相從的「現實」。就我所能自覺意識的範圍,「當代」並沒有直接參與我對歷史的解釋。它對我的研究的干預途徑要曲折得多,以至我自己也難以確認線索。但我卻也清楚地知道,不但我經歷的當代史,而且我曾以學術方式處理過的 20 世紀上半個世紀的歷史,都暗中影響著我的學術取向,從旁指點、誘導,甚至滲入了字裡行間。

我們不能不依據自己的經驗去接近物件,卻有可能避免過於具體明確的「站位」。深入「歷史情境」非即進入角色,承擔彼時的時代病苦,分擔其時士人的憂患。當然我還得說,投入、認同,也有可能創造一種價值,這裡的得失利弊很難精確度量。陳寅恪的《柳如是別傳》的感染力,與作者的態度有關。至於研究對象之作用於研究者,是又一個複雜的問題,其間過程幾乎不可能訴諸清晰的描述。由此我想到了研究的目標意識。經了這麼多年理論的沖刷,「真實」這一概念使用的頻率已大大降低了。我們的工作對於後人的意義,毋寧說更在我們面對「歷史」的態度,我們提出的問題與提問方式,也即我們如何看取歷史。可以肯定地說,我們與後人面對同樣的文獻材料時,歷史想像會天差地別。

「突圍」路徑

　　「如何想像」之後，或許就是「怎樣敘述」。[17]

　　王汎森曾簡要地談到歷史敘述中致盲的原因，以及可能的其他選擇。他說：「我們對百年來的歷史知道得太熟了，所以我們已逐漸失去對所研究問題的新鮮感，需要『去熟悉化』（⋯⋯），才能對這一段歷史產生比較新的瞭解。對某一個定點上的歷史行動者而言，後來歷史發展的結果是他所不知道的，擺在他面前的是有限的資源和不確定性，未來對他而言是一個或然率的問題，他的所有決定都是在不完全的理性、個人的利益考量、不透明的資訊、偶然性，夾雜著群眾的囂鬧之下做成的，不像我們這些百年之後充滿『後見之明』的人所見到的那樣完全、那樣透明、那樣充滿合理性，並習慣於以全知、合理、透明的邏輯將事件的前後因果順順當當地倒接回去。」「『事件發展的邏輯』與『史家的邏輯』是相反的，在時間與事件順序上正好相反⋯⋯太過耽溺於『後見之明』式的思考方式，則偏向於以結果推斷過程⋯⋯但是在歷史的發展過程中，同時存在的是許許多多互相競逐的因數，只有其中少數因數與後來事件發生歷史意義上的關聯，而其他的因數的歧出性與複雜性，就常常被忽略以至似乎完全不曾存在過了。如何將它們各種互相競逐的論述之間的競爭性及複雜性發掘出來，解放出來，是一件值得重視的工作。」「必須擺脫『後見之明』

17　「敘述」對於我，較之所謂「研究」，更成其為誘惑。這也應當與專業背景有關。在一項研究終於完成之後，我給自己放了讀書假。所讀的書中，就包括了霍布斯鮑姆的《極端的年代》和上個世紀90年代以來的當代小說。吸引我的是，如何敘述20世紀；當然還有，如何敘述明清之際。我沒有為此而請教「敘事學」，寧可向史學著作與文學作品尋求啟示。其實不止《易堂尋蹤》，即《明清之際士大夫研究》中也有敘述的嘗試，當然是片段的，未經拼接，也不試圖拼接。在我看來，拆解，也有可能是新的敘事形成的條件。

式的，或過度目的論式的思維，才能發掘其間的複雜性、豐富性及內在的張力。」（《中國近代思想文化史研究的若干思考》，臺灣《新史學》第 14 卷第 4 期）王汎森把一種人們身在其中因而習焉不察的學術狀況中的問題，說得如此簡潔明瞭。我也讀到過其他類似的表述，似乎不能這樣警策，使人由思維與研究的慣性中警醒。發現歷史面貌的複雜性，諸種未被實現的可能性，似乎游離（於主流、主要方向）的人物、事件，暫時尚無從拼合的碎片，難以綰合的線頭……但也應當承認，「相互競逐」最難呈現。完整的因果序列，事件的順序被「自然地」與因果邏輯疊合，「順順當當地倒接回去」，一個事件引發另一個，秩序井然目的論的思路最易於邏輯自洽，順理成章。「自圓其說」從來是極大的誘惑。阿 Q 死到臨頭，也要拼命畫那個圓，不能畫圓，是他的一大憾事。也正因此，那個因果鏈中的任何一環鬆動，都會導致崩盤。

　　「去熟悉化」、「無意圖狀態」（溝口雄三《關於歷史敘述的意圖與客觀性問題》），毋寧說都更賴有心理能力。但上述努力的必要性是毫無疑問的。問題在你是否意識到了必要性，是否體驗到了上述策略所針對的學術困境。我們往往在做一些無望的努力、徒勞的掙扎，但掙扎與不掙扎是不一樣的。這些突圍策略是否有效並不重要，重要的是它們對應的問題，它們所欲應對的困境。不感到「圍困」，不懷疑既有的研究方式、歷史敘述方式，是更普遍的情況。這裡有思維的巨大惰性。至於「去熟悉化」的具體操作，即應包括面對不同的領域、不曾被使用的材料，嘗試不同的工作方式，以及向其他學科尋求靈感對習焉不察的東西，憑藉另一種視野，憑藉得之於不同訓練的不同的感知方式，或許能有所發現。

　　前面提到傅勒的《思考法國大革命》。傅勒說：「過去是一個可能性的場域，其間『發生的事』在事情過後好像是那個過去惟一擁有的

未來」（中譯本，頁30）。還說：「歷史學家本來就有一種職業病，總是把某一境況的各種潛在性縮小到一個單一的未來，理由是產生的只是一個單一的未來，……一元論解釋的誘惑力就是這樣來的」（頁32-33）。[18]突圍之路，也應當由對這種「把某一境況的各種潛在性縮小到一個單一的未來」，「將事件的前後因果順順當當地倒接回去」的質疑中打開。

王汎森試圖由反思中開出新的路向，向近代思想文化研究提示了一些可能的選擇，包括關注「私密性檔」（日記、書信等）、「地方性材料」，包括分析「未參與近代的主流論述的所謂保守派或舊派人物的著作」。凡此，以及上文提到的重新發現「日常」等等，都可以作為「去熟悉化」的努力。[19]問題是我們能走多遠，到達何處，最終「建構」出何種景觀，打開怎樣的新的視域，在何種程度上改變或豐富人們的歷史想像。

---

18 該書批評專治法國大革命史的歷史學家索布林的有關著作，「從前幾頁開始就已明確整個世紀是一場危機，歷史每一層面的所有分析材料仿佛被後天證明其正確性的不可避免的完滿結局所吸引，全都朝著1789年匯流：『哲學，緊密地附著於歷史的主線之上，與經濟及社會運動齊頭並進，促成這種緩慢的成熟，最後遽然爆發而成為革命，圓滿完成了「啟蒙的世紀」。』」（頁134-135）對索布林來說，「1789年的大革命並不是18世紀法國社會各種可能的前景之一，而是法國社會惟一的未來，它的完滿結局，它的終極目標，甚至就是它本身的意義。」（頁136）這難道不正是我們經常的思維與論證方式？

19 此外還有「民間」。「民間」的重提，應當有西方政治論述中的「市民社會」作為一部分背景。我對後者不大了然，卻仍然忍不住憑了經驗想，「民間」在多大程度上能成為解釋的支點，而不至於墮入另一種整體主義、本質主義？「民間」是否真的可能衍生出另一套主題詞、關鍵字？我們當然會問是什麼樣的「民間」。經了某種歷史觀的洗禮，我們所說「民間」，與五六十年代或更早一個時候已有了不同，它更與「世俗」、「日常」而非階級的概念聯繫在一起。我們對民間關注的方向，對「民間」這一概念的界定，都暗中發生了變化。中心／邊緣的二分也不宜絕對化有時間邊流中的變化，甚至互易位置。更不必刻意「邊緣」。

　　由三聯書店出版的《歷史‧田野》叢書陳春聲《總序》有對「區域研究」的批評，就包括了有關著作「只是幾十年來常見的《中國通史》教科書的地方性版本」。陳序還說，「在提倡『區域研究』的時候，不少研究者們不假思索地運用『國家—地方』、『全國—區域』、『精英—民眾』等一系列二元對立的概念作為分析歷史的工具，並實際上賦予了『區域』、『地方』、『民眾』某種具有宗教意味的『正統性』意義。」他認為「在具體的研究中，不可把『國家』—『地方』、『全國』—『區域』、『精英』—『民眾』之類的分析工具，簡單地外化為歷史事實和社會關係本身」（見黃志繁《「賊」「民」之間12-18世紀贛南地域社會》）。不以「地方」與中央作對立觀，地方性材料的價值也就不止在為已有的歷史敘述提供注腳、補充，更在於有可能借此質疑已有的歷史敘述。

　　至於「日常」，非即衣食住行、柴米油鹽。傳統史學視野固然有遮蔽，在揭開遮蔽時，「日常」似乎已成時尚。這裡是否有新的遮蔽？我仍然要說，「政治史」與「日常生活」，不必去此就彼，值得致力的，是重建二者間的結構性的關係。「日常」同樣出於選擇，也就需要回答如下追問：何以是這樣的「日常」？何以儒家之徒的道德修煉、文人的詩酒唱和不是「日常」，而他們的飲食起居才被認為「日常」？追問是好的習慣，有助於避免將某種取向絕對化。無須將「大事件」與「日常生活」作對立觀。我的閱讀經驗告訴我，大事件（如明清易代）的重要性絕不都出自虛構。僅由本書的以上篇章就不難測度，那一「大事件」怎樣深度地進入了人的生活，影響了人的命運。

　　據我的經驗，收入士人文集的，絕少嚴格意義上的「私密性」材料。書劄、日記，從來有準備發表的一種。《劍橋中國明代史》的撰寫者對明代流通的「信函」，有較近於實際的理解，以為其「既不是即興寫的檔，也不是私人文書，它們常常被保存下來，作為作者文學

收藏中的寫作精品」(下卷第十章,中譯本,頁 610)。魯迅曾譏李慈銘的日記多所塗改(《三閑集‧怎麼寫》)。事實是,魯迅本人也不能阻止他的日記書劄發表於身後。想到這一點,勢必影響到書寫者當書寫時的狀態與書寫方式魯迅日記的節制,就透露了此中消息。

在敘述已然標準化之後,任何調整都可能有發現。著眼於盡可能小的單元,即如由參與者的個人經歷中抽繹「事件」、「運動」的線索,也屬於換一種方式想像歷史。目的並非在分解,證明所謂「大敘事」的虛妄,而是探尋更複雜的「歷史邏輯」,更豐富的歷史面貌。發現歷史生活中的個人,文學似乎更有貢獻。卻也仍然應當追問是何種「個人」,此個人與「大歷史」的關係。游離也是一種關係。在我看來,刻意取「游離」,與僅僅以個人作為大歷史的注腳,均不免有弊。「傳統史學」未必沒有「個人」。紀傳乃史學一體,正史、野史的傳記文字外,尚有家乘、年譜、墓誌銘、神道碑,等等。黃宗羲說自己「多敘事之文」,曾經讀姚燧、元明善的文集,「宋、元之興廢,有史書所未詳者,於此可考見」。自己與姚、元所處地位不同,無緣記錄「名公巨卿」的事蹟,所記多半是那些「亡國之大夫」,較之姚、元,卻都有助於補「史氏之缺文」(《南雷文定‧凡例》,《黃宗羲全集》第 11 冊,頁 85)。事實上,全然無關乎興廢的人物,黃氏也是不寫的。

上述方面之外,可以致力的,如鉤稽沉埋的文本,被刪節、被遮蔽的「歷史內容」。除了百姓的日常生存,不妨關注士大夫多種多樣的人生選擇與人生境遇,如「易代之際」忠臣、貳臣、遺民之外的選擇,抵抗、投降、隱遁之外的人生圖景,明清對抗中小民的姿態,等等。材料很可能仍然是那些材料,只不過你所拈出的有所不同而已。不必急於形成新的結構,體系嚴整,線索明晰,主流、支流分割明確。擴張歷史視野,發展出不同的線索(不是為了取代,而是為了豐

富），也許是更值得做的。[20]

這裡有意義的毋寧說是對困境的感知，與突圍的努力。事實上我們的選擇餘地有限，且往往迴圈、輪回，不免於河東、河西。我們不能不受制於一個時期的認知方式，學風以至文風。一代代的前人經歷了類似的困境。大道多歧，我們卻只能在有限的路徑中選擇。地球上幾乎已沒有人跡所不至之地，叢莽，深菁。但你仍然要走，努力走出你自己的路。在這過程中學術仍然在「進步」，比如對歷史的認識在深入至少我這樣樂觀地認為。

《劍橋中國明代史・書目評注》的撰寫者認為，「在 20 世紀研究晚明史的學者當中，有一個人高出其他所有的人，他就是謝國楨。」（中譯本，頁 857）1930 年代初，謝國楨撰寫《明清之際黨社運動考》，結語中說，「吾盼吾國的歷史家在『高文典冊』的地方，固可以注意；但是社會上瑣屑的地方何妨拿一點比較，和整理的方法，研究一下呢。」此後相當一段時間裡的學術氛圍與學科狀況，似乎不鼓勵上述研究取向。

想像地重建十六七世紀的日常生活，是為了將「人」安置其中，使人的行為、選擇得到更充分的解釋。為此有必要積累的，就有關於細節的知識僅僅熟於通常所謂的「掌故」是不夠的。「掌故」的範圍受制於文人的趣味，與他們的活動空間、活動內容，也受制於他們使用的文體，他們所理解的文體規範。他們往往囿於文體規範而有所不寫，刻意地避寫。中國的筆記等著述形式，格於傳統，不能提供足夠

---

20 我由此想到了中國現代文學研究的可能性，可供開拓的空間、餘地。對現代文學的「歷史性」的重新發現，著力處或也在發現「新的」歷史線索未曾被分析的文本，諸文本中未曾被提取的資訊，被刪除、無視的內容。你仍然要敘述，仍不能避免「建構」，但這種再敘述、再建構絕非無謂。

豐富的關於物質生活的知識，也多半不記載官私文書。[21]至於借助於考古發掘重建關於實物、器物的知識，對於文學閱讀的意義卻另當別論。「詩無達詁」。關於實物的知識有可能擠佔了想像空間。那種工作的意義應當更在史學的一面。

也仍然有必要想到，傳統史學並不就忽略細節；即正史中也有極生動具體的細節。問題在什麼樣的細節。我們說「歷史生活的血肉」，應當追問的是何為「血肉」？為什麼是這樣的「血肉」？一向在史學視野之外的某些細節，有可能經由特定理論的提示而得以凸顯。我想不避重複地說，無論對於「日常」還是「細節」的強調或重提，都不足以取消大小輕重之辨。清理「日常」而不蓄意回避非常、重大，提取「細節」而不刻意放棄上述「重」、「大」，是有益的，否則有可能流於瑣屑的知識趣味。值得注意的，還有細節的來源。布羅岱爾在那本關於地中海世界的書中說，他曾「致力於收集描述性的細節」（《菲力浦二世時代的地中海和地中海世界》中譯本，頁394）。由該書看，「描述性的細節」正有部分來自文學作品，隨筆，甚至小說。不限於小說的古代文學作品作為資源，是否還有可能在變化了的視野中被更有效地利用？

顧炎武曾引其祖所說的「著書不如鈔書」（《鈔書自序》，《顧亭林詩文集》，頁30）。陳寅恪則說：「其言論愈有條理統系，則去古人學說之真相愈遠」（《馮友蘭中國哲學史上冊審查報告》，《金明館叢稿二編》，頁280）。顧炎武與陳寅恪的主張，理據並不同，由今人看來，

---

21 任何「歷史細節」研究價值的確認，均賴史識、史觀。上個世紀五六十年代以來有對徽州大批契約文書（契約、租約、魚鱗圖冊、田畝清冊等，以及其他的家族、個人的文書）的搜集整理，有人據此而立「徽學」或「徽州學」之目區別於以新安理學及其後的經學為主幹的「徽學」。不能想像在理學或經學的時代這種發現有可能成「學」。

卻像是有暗合，且契合了今人的某種思路。上文一再提到的傅勒就說，對於托克維爾，「歷史不是演義，更不是描述或敘事，而是一種有待組織和闡釋的素材」（《思考法國大革命》中譯本，頁194）。但學術就是整理。抄也要選擇，不可能全然排除目的性、預設；抄了之後仍然要排比，排比即有秩序，有結構條理。即使歷史不是描述或敘事，其作為「素材」也仍然有待「組織」。整理，同時意識到這一動作的後果，警惕於過度的整理你所能努力做到的，只能是避免過分的明晰，避免惟一、排他；比如想到你所發現的結構，構建的秩序，是否排斥了其他可能的結構與秩序？尤其警惕於線條清晰的基於因果論的「情節」。這裡有學術研究的宿命。我們不能不在四壁間奔突。[22]意識到限度、限制，又力求破壁而出，是絕對必要而有益的。

　　古代中國的史學方式，作為資源依然有效。即如纂輯。上文一再引用過的《明季北略》、《明季南略》，將不同的敘述並置，並不隨時裁斷；即使顯然荒誕者，也以為可備一說。馮夢龍編著《甲申紀事》，《敘》曰，所收諸篇，「三伍異同，或可取實」。錢謙益的《國初群雄事略》輯錄諸種記述，固然也辨析異同，訂誤糾謬，更多的，則是將不同的敘事並列，不為揀擇取捨，錄之而已「傳統史學」的著述

22　在研究室舉辦的討論會上，錢理群說到他曾擁有一箱紙條，其中有隨時記下的與1940年代社會生活與文學有關的材料與感想。他設想以《美國醫生看舊重慶》（重慶出版社，1989）中的如下圖景作為設計中的書稿的結尾：一個農夫在江邊犁地，兩岸激烈交火，交火的雙方紛紛倒下，夕陽中的農夫依舊扶著犁。美國醫生感動於農夫的姿態所象徵的中國人由毀滅中再生的力。但這意象較之那一箱紙條，仍不免意蘊有限，不足以濃縮那段歷史，甚至未必能充分傳達錢理群關於那段歷史的複雜感受。那一箱未經整理拼貼的紙條中的內容，很可能是駁雜的，而那幅圖畫，卻將意義簡縮了。這大概可以用來概括我們的學術研究的困境。我們通常在做的，即此簡縮。學術文體的規範，也向我們要求簡縮。但那箱子中的紙條最終仍然要整理，而且要提取意義，無法排除理論誘導下的線索、次序。

固有此一體，合於「多聞闕疑」的聖訓。均屬抄書，《日知錄》系分類輯錄，而《國初群雄事略》之類，則使材料呈現為依時間的序列。中華書局版錢謙益《國朝群雄事略》附錄《適園叢書》本張鈞衡跋，說錢氏該書「采自諸書，牴牾處不改定，參差處不畫一，仍是長編之例，實非刊定之書」（頁307）。由今人看去，該書正因未「刊定」而別有價值。

儘管顧炎武認為正史的纂修，也適用上述原則，[23]編纂者仍不免要剪裁材料以就規範。包括民間傳說在內的諸種敘事文體影響於關於「事實」的建構，以至直接進入正史，對於形成「標準敘事」、「官方文本」、定論的作用，是一個有趣的題目。而「正史書法」一旦形成，就有了「導向」作用：有所寫，有所不寫；對於所謂的「事實材料」，有接納與拒納。「正史書法」規範了書寫，也決定了有關的歷史知識的形式。被作為「範本」的史家著述，培養了特殊方向上的敏感，訓練了處理材料的程式、敘事態度與方式，比如《史》、《漢》不但體例，而且人物的類型劃分及其標準，人物生平材料的甄選（何種材料有可能「宣付史館」），尤其紀傳一體的組織方式，等等。上文已經提到，正史有大量相似的故事，儼若在相互模仿、複製；其背後的意義結構值得推究。不但文本相互模仿，類型重複製作，而且類型規範行為。我們遠未弄清「正史書法」、正史「列傳」的書寫方式、分類方式在「實際生活」中影響的深廣度，歷史敘事在造成「實際歷史」中的作用尤其在史學傳統如此強大、歷史敘述備受尊崇的古代中國。

---

23 顧氏囑咐主持明史局的徐元文，說「章奏是非同異之論，兩造並存，而自外所聞，別用傳疑之例」（《與公肅甥書》，《顧亭林詩文集》，頁55）；對參與纂修的弟子潘耒也說，「兩造異同之論，一切存之，無輕刪抹，而微其論斷之辭，以待後人之自定」（《與次耕書》，同書，頁80）。

「歷史」由戰勝者、征服者講述，古今中外皆然。清初修史，雖吸納遺民、准遺民參與，這些參與者發出的，並非就是遺民的聲音。此外，私家非即「民間」。史家的民間身份不足以保障「民間」。「稗史野乘」的說法也不免籠統不免將非官方的著述一概而論。但有一點是無疑的，即你所讀到的私家著述，除了罕有的例外，往往是模仿的正史，只不過模仿有工、拙之別而已。陳垣說自己幼時入塾，師令其讀《明史》，他不照辦。「餘讀野史，所得多矣，求諸明史，皆不可得，以是知明史之不足信也。」（《陳垣早年文集》，頁 142-143）孟森的經驗不同。商鴻逵為孟氏《明清史講義》撰寫的《前言》說，孟氏治史，「首重官書」，以「官書」為「出於史中某一朝之本身所構成」之「史料」，較之「諛聞野記」可靠。但由上文可知，正史固然不足憑信，野史又何嘗足以憑信？梁啟超就說過明代「野史如鯽，各從所好惡顛倒事實」（《中國近三百年學術史》十五，頁 410）。甄別篩選，仍然不能不賴有治史者的考據功夫與判斷力，儘管你並沒有獲得未經過濾的資訊的可能性，而你自己也參與了加工製作。[24]

我注意到明清之際文獻中「立場」的遊移，也侵入了當代的歷史敘述。魏斐德的《洪業清朝開國史》對其時各種軍事力量的稱謂，就往往襲用現成的說法，曰「賊」，曰「盜」，曰「叛軍」，曰「叛賊」，曰「土寇」，曰「歹徒」，曰「賊黨」、「亂黨」，曰「太湖匪黨」，曰「武裝匪幫」，以清為正統，並不深究敘述者自處的位置；同時又曰「義軍」，曰「反清分子」，曰「複明分子」，曰「忠明政權」，似乎又

---

24 也應當說，雖難免有偏私，由私家著述，確有可能得正史所不載的資訊，也更易於知曉敘述者的用意。正史、野史之外，文集中的碑傳文字，亦「史」之一體。示人以「一個人與他的時代」，也正是此種文字的價值所在。如黃宗羲、錢謙益等，當撰寫這類文字時就有此種自覺。補正史之闕，正正史之訛儘管取捨之間，也仍不能免於「正史書法」的暗中制約。

並不即以清為正統。關於那一時期的歷史著作,往往可見此種敘事者位置的隨時漂移。敘述者似乎不暇審視推敲自己的「立場」。這裡有文獻對於敘述的強力介入。文獻用語的直接使用,使敘述具有了現場感,也使敘述者的立場模糊不清。[25]

　　力圖實現自己的構想時,你很有可能遭遇表述方面的難題。限制了我們的不止有觀念,還有手段、工具,包括學術文體文體的惰性,書寫的慣性。諸種史學體裁直至筆記,作為文體都已爛熟,少有容納異常資訊與表述的可能。你有時的確只能設法由「史所不書」處讀史。由此看來,文學研究者倒正可以用其所長(如有關敘事學、修辭學的理論訓練),清理我們的歷史知識,分析傳統史學對歷史的建構,檢討我們所受到的「歷史教育」。這無疑是值得致力的大工程。走出「正史書法」包括走出古代史學的「正史書法」,與走出近現代史學的「正史書法」,文學確有可能提供參考以至資源。當然,如上文已經提到的,「走出」非即「取代」,尋找另一種標準化的通用的敘事方式。這裡用得上「多元」、「敞開」。一邊敘述一邊自我審視是必要的:敘述者自處的位置,自己的敘事態度,自己使用文獻的方式,以及在何種程度上受制於敘述當時的條件,學術環境的,流行理論的,通行的行文方式的,等等。質疑已有的敘述,發現破綻、縫隙,

25 魏斐德該書對明代所謂「朋黨」的論述也沿用了成說。該書第十四章《朝廷對縉紳特權的打擊》關於清初的朝廷與縉紳,在我讀來,所持的是一種奇怪的立場。即如說「明朝在滅亡前,已被縉紳們對其征賦募兵之全權的分奪所削弱,某些有治理能力的士大夫甚至要求正式承認地方縉紳的統治權。同時,他們還試圖將文化上的正統教育機構,轉變成非法的朋黨政治權力的基礎」(中譯本,頁973)。於此你不能不想到顧炎武等人的分權主張,以及黃宗羲關於學校功能的論述。如果我沒有誤解,魏斐德對於紳權制衡以至削弱皇權的功能,由負面作了描述。「紳權」、「士大夫政治」在專制政治歷史上的地位、功能,似乎需要更複雜的分析框架,且適宜於具體現象具體分析。應當說,歷史敘述者受包含於文獻中的敘述態度的誘導,幾乎難以避免。對此保持警惕仍然是必要的。

察覺遮蔽，都會成為契機。契機不能保障結果；但若不利用契機，只能在已有的框架中徘徊。

關於明末清初的歷史敘述

基於我的目的，直到研究告一段落，才接觸關於這一時段的敘事史學的著作，幾種《南明史》，魏斐德的《洪業清朝開國史》，樊樹志的《晚明史》等。準備本書諸篇，我較為集中地閱讀了前輩學者的有關著述，包括 20 世紀上半期被歸入「左派史學」的著述。河北教育出版社「二十世紀中國史學名著」《出版說明》中說：「20 世紀是中國史學發展最顯著、變革最深刻的時期。新時代、新史觀、新史料、新方法、新的學術文化氛圍等等，造就了 20 世紀的中國史學。」「20 世紀中國史學，大家輩出，學派林立，名著累累，異彩紛呈，在中國史學發展中佔有極重要的地位。」「左派史學」無疑也在其中。上個世紀三四十年代不僅有「左翼文藝運動」，而且有更廣泛的「左翼文化運動」，其中左派史學成績顯著。清理這一「運動」，是學術史的課題。

20 世紀的社會政治運動對於史學影響之深刻，僅由下述方面即可證明：「土地革命」、「抗日戰爭」各自提升了「歷史」的某一部分內容的重要性，某方面的「歷史素材」得到了強調和優先的整理，以進入歷史敘述。即如由謝國楨《明清之際黨社運動考》的選題、分析模式，就不難感受到環境的影響甚至「黨社運動」這一名目。[26]對於

---

26 謝國楨《明季奴變考》附注曰，孟森以為「奴變一事在中國不能算是階級鬥爭」，謝則以為「孟先生的時代觀念不同，所以主持的意見，也就不一樣了」(《明清之際黨社運動考》附錄一，頁234)。孟氏的意見，詳見其《讀明季奴變考》(同上，頁235-236)。

前輩學者的有關研究，不宜輕率地對待。即如關涉「資本主義萌芽」
的經濟史的研究，關於古代中國土地制度、階級狀況的研究；縱使因
意識形態的主導不免於定向搜集材料，也仍然應當歸為基礎性的工
作。至於農戰史與我的課題有關的，即有明末的民變、奴變的研究，
不也屬於社會政治史研究的基礎性工作？在關於明清之際的想像中，
明末「農戰」，是不容割棄的背景，否則士大夫的處境、命運就無從
充分地解釋。僅僅將士大夫置諸明朝（明廷）、清朝（清廷）間看
取，不可能脫出「夷夏論」的狹窄視野，呈現士夫置身其間的複雜
關係。

　　當年（1944）為呼應《甲申三百年祭》而發表的紀念文章，以總
結明亡原因（亦「教訓」）者為多。但由事後看來，郭氏該文的意義
像是並不在此。[27]該文的影響深遠處，毋寧說在為南明史提取了農民
戰爭這條「主線」，以其敘述方式影響了此後一個相當時期的「南明
史」的格局尤其農民軍在這段歷史中所據有的位置，甚至佔有的份額
（落實於章節安排以致篇幅）。將價值衡度落實在篇章佈局（結構）
乃至篇幅（比重）上，這種情況，與文學史（尤其中國現代文學史）
的書寫相似。以郭沫若的《甲申三百年祭》為「中國馬克思主義史學
家研究農民起義的開山之作」（朱佳木《一篇有著旺盛生命力的史學
論文》，《甲申三百年祭風雨六十年》，頁342），自然是以前此關於
「流寇」的研究由「史觀」上摒斥的結果。非「史學經世」，而是強
調史學的意識形態功能：郭沫若作為史學巨擘，的確引領了風氣。

　　謝國楨的《南明史略》，南炳文、顧誠的《南明史》，非南明諸朝

---

27 據說《甲申三百年祭》1945年10月由上海野草出版社出版時，書名改為「明末亡國
　史」，而以「甲申三百年祭」為副標題（《依然是警鐘》，《甲申三百年祭風雨六十
　年》，頁169）。1972年再版，《出版者說明》卻說該文「是為了紀念明朝末年李自成
　領導農民起義勝利三百周年而寫的」。

史，而是被指為「南明」的那一時段的歷史；故撰寫者隨時在南明諸朝與大順、大西軍間較量輕重，以篇章佈局賦予農民軍結構上的重要性。初版於上個世紀 50 年代的謝國楨的《南明史略》，寫明朝與李自成、張獻忠的農民軍，持鮮明的農軍立場；陣營劃分明確：「農民軍」／「地主階級軍隊」，明軍／「侵略」的清軍，「明朝腐朽的官軍」／「堅決抗清的農民軍」，「懦弱的明朝官軍」／「英勇」的義軍、「人民群眾」。該書有「人民扶持下南明弘光王朝的建立」的標題（頁 46）；「人民」更是全書的關鍵字。弘光政權的成立符合了「人民群眾的要求」（頁 48），是關於該朝合法性的論證。而該朝的對立面，則是「殘暴的滿洲貴族與最腐朽的地主階級」的「勾結」（頁47）。在以農民軍為「抗清戰爭的主力」的前提下，承認「地主階級組織的義軍也發揮了一定的戰鬥力量」（頁 225）。上述敘述在當時語境中，確然「政治正確」。也因此，該書關於農民軍始末，敘述較為完整；在資料搜集整理的基礎上，對其時分散的民間武裝力量的活動也有較為細密的敘述。該書以農戰史、反清武裝鬥爭史為基本內容，努力體現其時所認為的「人民創造歷史」的「唯物史觀」，被援為理論根據的，就有康士坦丁諾夫主編的《歷史唯物主義》第九章《人民群眾和個人在歷史上的作用》（頁 95 注 33）。對明軍與農民軍，強調其「英勇」；對清軍，則渲染其殘暴。其時更為普遍的暴戾，即不免被這善惡二分的敘述態度所掩蓋。

完成於 1986 年的南炳文《南明史》，仍然以階級鬥爭（農民軍／明朝）、民族鬥爭（明、農民軍及其殘部／清）為基本框架。全書計五章十五節，記述農民軍活動的即有七節。「農民運動」被認為的重要性由此比重可知。該書依然使用了某些非中性用語，如「犧牲」（農民起義軍），「叛變」、「破壞」（原明朝官紳），「反撲」（「明朝殘餘勢力」），「倡狂」、「猖獗」、「階級仇恨」（對農民起義軍），「反動武

裝」，等等。證明了即使觀念潛變，表述也不免有其惰性，即不可能即刻擁有另一套概念、表述方式。但該書以幾種「政治勢力」指稱清、大順、大西，記諸方戰事已無明確的傾向性，呈現的歷史圖景遠較謝國楨《南明史略》複雜。該書引用了不利於李自成、張獻忠的史料，不為農軍的殘暴行為諱，判斷卻仍然從輕，如以暴行為「缺點」，對肆行屠戮僅曰「急躁情緒」、「過分」、「嚴重脫離群眾」；甚至沿襲成說，說透過封建文人的污蔑之詞，看到的是起義軍「鎮壓反叛勢力」的「革命堅定性」（頁 68）；使用了「張獻忠殘酷報復」的小標題，說其殺戮「在一定程度上帶有了反人民的性質」，卻仍然以為「不是不可理解的」，對這類事件「不應完全否定」（頁 182）。類似文字讓人感到，即使到了 1980 年代中期，有關農民軍的敘述仍然未失敏感性；「政治正確」作為治史的原則，在「涉農」問題上有突出的體現。

史家謹守矩／，卻又在嘗試一種更靈活的治史方式。出版於 1997 年的顧誠的《南明史》，依舊聲稱以農民軍的活動為「主線」，但書寫角度已較為豐富；有關順、西軍的敘述，所占比例下降，不那麼畸重畸輕。而民族鬥爭除漢民族外，還包括「其他民族」（如第十七章第四節，記甘肅回民的抗清運動）。該書《序論》比較明、清、大順軍，儘管將其立場表述得十分清晰（頁 3-4），為大順、大西軍總結教訓，仍不免是《甲申三百年祭》的態度，卻沒有了郭沫若寫作當時的具體的針對性。

馬克思主義史學，曾被作為實踐馬克思主義的學術重鎮。上個世紀五六十年代面向全民的辯證唯物主義與歷史唯物主義教育，歷史學者首當其衝。辯證唯物主義涉及經濟基礎／上層建築，生產力／生產關係。如誰是先進生產力的代表，誰代表落後的生產方式，有利於或不利於生產力的發展；歷史唯物主義則被歸結為誰是歷史的創造者，

何種力量是歷史發展的動力。如顧誠《南明史》說「清朝統治的建立是以全國生產力的大幅度破壞為代價的」，大順軍（至少攻取北京後的一段時間）「幾乎對社會生產沒有造成什麼破壞」（《序論》）。必然／偶然，是一對重要的範疇。無產階級革命的爆發是必然的，首先爆發在俄國則有一定的偶然性。明朝滅亡是必然的，取代明朝的是清是順，還是分裂割據，則有偶然性。顧誠《南明史·序論》：「接替的可能是大順王朝，可能是清王朝，甚至可能是孫可望掌握實權的朝廷，也不能排除在較長時間處於分裂的局面」（頁5）。因此不妨假設，不妨事後畫策，談論另一種可能性。不即以存在為合理，也是當時流行的觀點。因而有趣的是，南炳文的《南明史》一再判斷農軍的策略「正確」與否，顧誠敘述大順政權的「失誤」、史可法的「失策」，均以怎樣能避免歷史已成之局為衡度。一個時期的史學，記述明軍與農軍，即「立場鮮明」地傾向於後者；寫抵抗清軍，則儼若事後代明軍、農軍謀劃，對明亡不掩痛惜之情。謝國楨也像是在事後為南明畫策，恨當事者不智，態度略近於清初遺民。[28]即使由此看來，孟森關於其治史立場的申明，也確有針對性。

值得注意的，還有某些具體表述。關於清的對立物，郭沫若、柳亞子說的是「中國」、「中華民族」（《甲申三百年祭》、《紀念三百年前的甲申》，《甲申三百年祭風雨六十年》，頁1、52）；對後金，柳亞子稱「奴酋」，稱「虜」，曰「僭」，沿用的是明人的說法（《紀念三百年前的甲申》，同書，頁53）。1990年代，有人提到《甲申三百年祭》中涉及「民族」的提法，注意到該篇原文中「民族的悲劇」、「民族的

---

28 餘同元出版於2006年的增訂本《崇禎十七年社會震盪與文化變奏》，說在崇禎十七年，「中華民族在一片反清複明的悲歌聲中，再次迎來了世界上最專制的封建統治」（頁17）。

罪人」云云，在 1972 年的單行本和《郭沫若全集》中改為「種族的悲劇」、「種族的罪人」等（王戎笙《依然是警鐘重讀甲申三百年祭》，同書，頁 183 及同頁注 1）。

謝國楨的《南明史略》寫明朝內部關係，也如《明史》的持東林立場，嚴分正邪，曰「東林」，曰「魏黨」。明清間及清代的正史野史，以大順官員為「偽」；謝氏該書則以清委任的官員為「偽」（參看該書，頁 86）。寫明清對決，以明為「中國」、「祖國」，以清為「敵人」，曰「侵略」、「侵明戰爭」，指降清者為「漢奸」，曰「賣國求榮」，以範文程、洪承疇為「漢奸頭子」；「老牌漢奸」則指遼東漢軍旗人。[29] 該書每用「我們中國」的字樣，頌揚「中國人民為了捍衛祖國的河山」的英勇鬥爭，以江陰的抵抗為「中國人民反抗外族侵略的光輝典範」（頁 85），未嘗不也暗中將明清對抗，擬之於不久前結束的抗日戰爭。

於民族身份外，又強調階級身份（如「官僚地主」、「開明紳士」、「惡霸地主」）。謝氏該書既以吳三桂為「漢奸」，又指其人為「官僚地主階級利益的代表者」；至於「動搖分子」、「叛變分子」諸名，則應系由革命史移用。由上述諸名，也可知作者想像這段歷史，不免取資於近事、近史。南炳文關於明清對抗的書寫方式已有不同，注意到了「漢民族」與「中華民族」的區分。顧誠的《南明史》不避累贅，將與農民軍對立的一方稱為「中華民族內部一個落後的人數不多卻又是剽悍的滿族上層人士」與他們所勾結的「漢族中最反動的官紳地主」（見該書《序論》，頁 3）。以為滿洲貴族「代表著一種比較

---

29 該書寫康熙三十年間事，仍指清朝官員為「漢奸」（頁97）。出版於1934年的呂思勉的《中國簡史》，也以尚可喜、耿仲明、吳三桂等人為「漢奸」（頁294）。蕭一山的《清史大綱》亦指孔有德、耿仲明、尚可喜、範文程等人為「漢奸」（第一章，頁8），以洪承疇、、。可以相信的是，「文獻」經由直接或間接引用進入了史家的敘述。

落後的生產方式」，而被征服的一方則擁有「較為先進的漢文化」，則
是通行的論述。

據說陳垣《元西域人華化考》的提綱原用「中國化」，後改為
「漢化」；初稿沿用「漢化」，到了定本改為「華化」（陳智超《元西
域人華化考導讀》，頁4）。斟酌推敲，務求其當。慎用「中國」，出
於辛亥革命後觀念的改換（「五族共和」）；慎用「漢」，因元代所謂
「漢人」，包括契丹、女真、高麗等；使用「華化」，也因該書對於
「全盤西化」的主張，有具體的針對性。[30]蕭一山也說過，「若為存真
求全起見，最好漢族叫做華族，或稱中華民族。因為漢族的意義太
狹……」（《清史大綱》第一章，頁2）

我們於此看到了一個不斷調整表述方式以趨於準確的過程。1962
年蒙思明在為自己寫於抗戰爆發前後的《元代社會階級制度》所撰新
版自序中說，「決不能把十三、十四世紀的反元鬥爭和近代的反抗日
本帝國主義侵略的鬥爭或反抗美國帝國主義侵略的鬥爭等同起來」
（頁17）。[31]前輩學者為尋求正確的「書法」曾付出過何等艱苦的努
力！即使在這一具體方面，南明史的敘述，也可以作為瞭解20世紀
史學變遷的標本。

至於具體的敘事策略，上文所涉及的諸書互有不同。魏斐德的
《洪業清朝開國史》儘管依據了大量的研究成果（見該書注釋），敘
述仍然取講故事的態度。在關於江南士大夫主持的抵抗運動的敘述

---

30 陳垣早期文字考釋「中國」／「漢」，可證其思路的一貫（參看《陳垣早年文集・
釋漢》）。但《元西域人華化考》個別處仍可見「漢化」的字樣。「華化」，在該書
中，有時也作「中國化」（如卷一說安世通「純全中國化」，頁5）；「中國」則仍然
在夷／夏的意義上，如說馬祖常「以夷狄進於中國自慰」（卷二，頁21）。

31 《自序》說，新版「只將舊作中某些十分錯誤和不確切的詞句加以刪削和改正，基
本上保留了舊作的形式和內容」（頁1-2）。我未及核對，不知所刪削改正的系何種
「十分錯誤和不確切的詞句」。新版的確沒有「將……等同」的問題。

中，選中了陳子龍作為「人物」，以便與「事件」維持一種平衡。被
選中了的人物，另有錢謙益、萬壽祺、顧炎武，以及清初忠臣范承謨
等。魏氏甚至將名士的愛情故事（如冒襄與陳圓圓、董小宛）也講入
了「清朝開國」（也即明朝覆亡）的歷史中，並不計量輕重，敘述中
時有極具體的「現場描寫」。對吳偉業仕清過程則有心理推測（中譯
本，頁 864-867），儘管讀來不大有說服力。以人物「平衡」事件，無
疑增加了趣味性。[32]在魏氏該書的結構中，眾多學者的研究成果，其
功能像是更在提供了類似「本事」的東西，使故事更為可信而已。

　　另一位美國學者司徒琳將她認為貫穿有明一代始終的兩大嚴重問
題（亦她認為的「明朝的基本問題」）分別涉及文／武、君／臣作為
敘述南明史的基本線索，這種問題意識難免對她的視野構成限制。她
將宗室問題及「廣泛的社會不安與混亂」作為上述「主旋律」的「副
部」，「並非因為它們對理解這世紀中葉的社會政治狀況較不重要」，而
是因為作者本人「選定的重點領域是那個政權系列的內部難題」（《南
明史（1644-1662）・引言》，中譯本，頁 13）。在我看來，正是她所確
認的「基本問題」，使該書關於南明史的敘述總體上缺乏新意，卻不
妨礙細節的選取、人物的描寫（如對隆武、魯王、永曆，另如對鄭成
功）因不同於其他幾種南明史而自有特色。至於作者將中國士大夫劃
分為「理想主義」與「現實主義」兩型（同上，頁 11），也出於類似
的「歸併」、刪繁就簡。條理化，線索明晰，永遠是一種誘惑。

　　樊樹志的《晚明史（1573-1644 年）》，是作為明史的一部分的
「晚明」之史（王朝史）。樊氏說他所界定的晚明，「是非常個人化的

---

32 至於人物的被選中，顯然並非僅僅因了被當時、後世公認的重要性。是這個而非另
　一個人物吸引了國外學者的興趣，本身就值得推究。即如何以是冒、董而非錢、
　柳，侯、李，或孫咸、葛嫩；何以是李雯而非方以智；何以是閻爾梅而非史可法幕
　中的其他幕僚。

說法」，上起萬曆元年，下迄崇禎十七年，「正處在地理大發現後的經濟全球化時代」；該書的宗旨「便是以全球化的視野，來觀察作為世界經濟中心的明朝如何一步一步走向覆亡的歷史」(《導論》，頁 4-5、5)。這部著作確也力圖給出上述背景；至於為「經濟全球化」影響於明代的政治與社會生活尋找敘述方式，仍然是有待於解決的課題。

如何對待已有的學術成果，關涉學術工作者的職業倫理。我們往往貴遠賤近、重外輕中，對 20 世紀的學術經驗缺乏全面的清理。「對話」並非只是越洋對話，也應當有與前輩學者、既有的學術積累的對話。尊重學術史，尊重幾代學人的學術勞動，有助於培養從事學術工作的正常心態。作為中國現代文學研究者，我注意到「左派史學」作為「左翼文化運動」中相當活躍的一部分，參與構成了 1930 年代「左翼文學」的生存環境。我們難以復原其時歷史文化的全景，卻不妨保有關於「全景」的想像。在這裡「主流」／「支流」以及「左」／「右」的眼界也有必要質疑。一批不被歸入主流的學人的學術活動，也應當視為「新文化運動」及其餘波的一部分，儘管其中包含了對於「主流」的反撥。「新文化運動」有必要在盡可能寬廣的視域中、在複雜的文化關係間看取。該時期多方面的學術文化活動間的關係，似乎也還未經細緻地清理。

再說想像與敘述

——以明清之際、元明之際為例

本篇嘗試著由明清之際稍加延伸，探討關於「易代之際」開發的可能性。

對於宋元之際、元明之際、清末民初我都有興趣，希望知道這些歷史時刻究竟發生了什麼，關心上述「之際」的社會、文化史意涵，尤其朝代更迭之於士人的生存狀態、心態。上述「之際」既是中國史重要的時間點，又與民族史交集，如宋元之際、明清之際。民族間的遭遇雖非始於此種時刻，卻在這一時刻，一個（或不止一個）民族深入到另一民族內部，民族生活發生了長時間大面積的交接，此種「之際」意義豈不重大！對於考察歷史中的民族關係，考察漢民族華／夷觀念的具體形態，上述「之際」無疑提供了特殊便利。民族間的交接儘管發端甚古，當著逼近了「中華帝國」的晚期，其形態與內涵確也愈見複雜。

歷史教科書告訴我們，古代中國史上的改朝換代，往往「換湯不換藥」，有動盪，有程度不等的破壞，深層卻並未變動明清之際、清末民初卻不然。僅由思想史的角度，就不難知那變動抵達了深層。巨大的社會危機、政治危機使得思想尖銳如備受思想史矚目的明清之際的政治論述（尤其君主論）。當然，社會危機的深刻並不註定了激發思想。思想的演進、迸發，還賴有其他條件，即如思想本身的積累、成長。古代中國被認為思想迸發的時刻並不多，先秦諸子爭鳴之後，

就應當是明清之際、清末民初。其他時期並非沒有精彩的思想，但人物輩出、相互激盪，確也更見於上述「之際」。

諸「之際」間的關係，是另一有趣的現象，無論明清之際與清末民初，還是宋元之際與明清之際，元明之際與明清之際。本書的以上篇章已經談到，不但「晚明」被清初、晚清、五四一再塑造，賦予了不同的象徵意義，而且近代不同學科對晚明的敘述，往往也大相逕庭。不同歷史時代間的關聯是如何經由敘述、言說生成的？即如塑造我們的晚明印象，政治史敘述、意識形態詮釋、文學作品等各在其中扮演了怎樣的角色？至於四五十年代之交的清理，較之明清之際，無疑有更大的難度。原因之一也在缺少基礎性的工作即如對大量事實缺乏清理，因而「基本面貌」不清。有必要追問的，是那一時期究竟發生了什麼，即如 1945-1949 年間究竟發生了什麼？與其以「禁忌」為藉口回避，不如尋求突破之道：包括提升研究能力，處理複雜問題、描述複雜世相的能力。

再談明清之際

關於自己所研究的時段，我通常使用的說法是「明清之際」、「明末清初」而非「晚明」。「晚明」不同於「明清之際」。在我看來，「明清之際」更突出了「轉換」一義。「晚明」與「明清之際」，不僅所指時段不盡重疊，且論說者的「問題意識」往往也有不同。[1]

---

1 關於「晚明」的起止，似乎沒有一致認可的設定。謝國楨《增訂晚明史籍考》的《凡例》說該書的「晚明」，「由萬曆至崇禎，以迄清康熙間平定三藩事件時為止」，樊樹志的《晚明史（1573-1644年）》，卻以萬曆元年、甲申為起訖。何冠彪《生與死：明季士大夫的選擇》談到著述者所謂「明季」，所設年限互有不同（見該書第一章，頁1）。「明清之際」在使用中彈性更大，有指明嘉靖、萬曆至清乾、嘉時期者（同上，頁2）。

　　上一篇已經說到「清史專家」一名對於孟森不盡適用。孟氏由考察清先世與明的關係入手，著力處在「之際」；他不惟由「關係」考清的早期歷史，且由「關係」看清初人物、人事。在這一方面，孟氏晚年所撰《明元清系通紀》尤稱巨著。該書初名《清朝前紀》，後曾改為《滿洲開國史》。由本篇的題旨看去，較之《清朝前紀》、《滿洲開國史》，《明元清系通紀》一名更能呈現其獨特構想。元史學家屠寄將忽必烈未定中國前成吉思汗（太祖）、窩闊台（太宗）、貴由（定宗）、蒙哥（憲宗）的蒙古史，與中國之外的諸汗國（奇卜察克汗國、伊兒汗國、察哈台汗國）史，別為專書，而孟森的《明元清系通紀》則為處理類似題材提供了更完善的著述形式，不但釐清了「關係」，而且開闢了廣闊的想像空間。[2]

　　該書正編開篇就說，明太祖開國，而清肇祖與其同時而生，「以其時考之，天祚有明，而取而代之者與之並起，亦史跡之一奇也」（頁75）。孟氏由明的一方追原禍始，說明朝為清取代，「早由成祖時女戎肇禍」（《明元清系通紀》，頁138）兩個朝代之間的糾纏有如是之悠長。非惟「纏繞」，而且並行：清的「前史」，清興的歷史，貫穿了有明一代。

　　有這樣的研究視野，關於明清史的想像，與專治明史或清史者，想必有所不同的吧。只是有必要說明的是，孟森在該書中一再強調的，是後來自號為「清」者，曾臣服於明，在幾乎有明一代為所「卵翼」，而非自始即為敵國；清當局卻對此深以為諱，百般遮飾，欲滅

2　孟森《明元清系通紀・前編弁言》；「此書先稱《清朝前紀》，後又作《滿洲開國史》，迭經整理及補充，遂將清先世在明代，一一可紀以年歲。蓋清之發祥，與明之開國，時代相符。自肇祖為清肇基王跡之始，清太廟即以肇祖為始祖，其行事在明太祖洪武年間，已可考見。以後歷代皆與明曆帝垂統，相循而下，今以明代之紀元，敘清代之世系，成一編之文，一覽了然。」

沒這段歷史淵源。在這種眼光的觀照下，不能不是更其特別的朝代間的糾結。孟森強調清與明曾有君臣關係，清之代明，是由內部，而非自外邦；強調清對於明的曾經的臣服，指摘清當局抹殺、篡改其歷史為忘恩背義，由今人看去，顯然是所謂的「時代印記」。[3]

　　魏斐德《洪業清朝開國史》雖以「清朝開國史」為總題，在幾乎每一具體的標題下，都涉及了被認為互為因果、互為表裡的兩面：明何以亡，清何以興；此亡彼興被認為在時間上同步，屬於同一過程的不同面向。孟森雖指摘清對於明的「卵翼」「負心圖賴」，其《八旗制度考實》引天聰八年清太宗論臣下語，讓人看到的卻是，滿洲開國，儘管系「草昧之部落」，「而內政外交有條不紊」；經濟生活方式落後，卻能「處外族以優逸，用廣招徠」，結論是：「國無大小，實心為政，虛心待人，事必有濟」（《明清史論著集刊正續編》，頁191）。他還說，「自太祖（按即努爾哈赤）初興，傳經兩代，時逾五十年，銳意圖強，有進無止」，而「中國」與之對應的，卻是「萬曆、天啟之朝局」。孟氏更以崇禎與清太宗（皇太極）對比，以為「興亡之判，非偶然矣」（同上）。

　　明亡清興當然是內容複雜的過程，或許永遠不可能將其中的豐富

3　孟森說，清修《明史》，「所以有須隱沒之事實，即在清代與明本身之關係」。還說：「從古於易代之際，以後代修前代之史，於關係新朝之處，例不能無曲筆，然相涉之年代無多，所有文飾之語，後之讀史者亦自可意會其故，從未有若明與清始終相涉，一隱沒而遂及一代史之全部。」（《明清史講義》，頁2）他比較了明清間與宋元間的不同，說：「清曆世為明屬，受官籍勢，並於急難時賜居邊內以保存之，其與明較元之與宋有間」（同書，頁338）。在《明元清系通紀》中，說清當道「於明廷之世世卵翼，不惜負心圖賴」；「清代必極言其先世與明無涉，則反形其昧良反噬」（頁194、165）。傅斯年的《東北史綱》卷首《引語》也說：「滿洲本大明之臣僕，原在職貢之域，亦即屬國之人」（《傅斯年全集》第二卷，頁375）。也應據此，《劍橋中國明代史》寫道：「具有諷刺意味的是，正是明王朝的政策培育了一個更大規模地、更完善地組織起來的女真社會」（中譯本，下卷第四章，頁239）。

細節呈現出來。即如發生在時間中的心理潛變。魏斐德的《洪業清朝開國史》寫到許多來自山東和山西的移民被遼東人大致同化，注引拉鐵摩爾的很有趣的論述。拉鐵摩爾指出，漢語稱東北地區為「口外」，「當問題是移居口外而非移民海外之時，人們會產生某種與華僑類似的體驗。最初是感到失去了長城的保護，因而缺乏安全感。其後，一旦定居下來，又感到自己已處在高於中國的位置上。他不再受長城的保護；而長城所保護的正是中國；長城使他和同伴與之分離的正是中國。這就是說，地域情感部分地取代了種族的或民族的情感，這一變化令人費解，但意義深遠」（《滿洲里衝突的發源地》）。拉鐵摩爾進一步指出，這種地域情感集中表現為一種「夷」、漢皆有的特殊社會心理，即回過頭來，將中國視為可征服的希望之鄉。「冒險家們背對著中國而向荒野出發，而其成功的標誌，卻是能夠掉轉身來，作為特權發源地之特權居民的一員，面向中國；於是，中國取代荒野之地成了『希望之鄉』，成了財富的源泉和行使權力的合適場地。」（見魏斐德該書中譯本，頁 33 注 3）明清之交，對於明朝，入侵、征服者中，正有漢族移民或其後代。拉鐵摩爾的上述心理分析，涉及了微妙之處，是將明清對抗等同於漢滿對抗者易於忽略的。在繼續的入侵、征服中，先被征服者中，又會發生類似的心理異變，儘管與滿洲的漢族移民有所不同。這樣，也就在軍事推進的過程中，製造出了種種差異。王夫之所見的南北之別，出於粗略的觀察（參看本書首篇），「實際情況」要複雜得多。「時間」一維的重要性，在這裡也凸顯出來。當然，拉鐵摩爾的以上論述或更出於推測，卻也證明了心理分析在歷史研究中應用的可能性。由此一端，也可以想見發生在「之際」的故事的不可窮盡的豐富性對「明清之際」的探究還有相當大的伸展的空間。

由後人看去更具有戲劇性的，是清對於明的承襲。孟森以為明朝

自萬曆末年衰敗，「能稍複其舊制者反是代明之清」，清「所必與明立異者，不過章服小節，其餘國計民生，官方吏治，不過能師其萬曆以前之規模」。他斷然道：「清無製作，盡守明之製作」（《明清史講義》，頁 13）。[4] 這樣看來，明與清兩個朝代，無論時空，還是體制，無不彼此纏繞糾結。明「朝」亡了，明代歷史卻侵入了清代，深入的程度甚至難以估量。

「明代」在「清代」中的繼續，是通常斷代史的框架中難以充分展開的。制度之外，另如在清初政治中延續的明末黨爭，遺民人生與遺民的文化創造，更有此起彼伏綿延不絕的反清活動。謝國楨就說到，到臺灣入清朝版圖，明祀似已告終，「然而蘄黃四明之依岩結寨，山阨海埃之會社秘謀，所在多有。細審有清一代，志士仁人，謀推翻清廷者，前後繼起，未嘗中絕。故論明之統緒，以其統治權之張弛言，則當萬曆以後政治墮敗，早失人心，其權勢威力，業已告終；若人民奮鬥之毅力，艱貞不屈之精神，堪與有清相終始者也」（《增訂晚明史籍考．自序》，頁 4）。套用下文所引的說法，上述種種，讓人想到的，是「明亡而實未亡」。楊維楨論正統，說：「宋命一日而未革，則我元之大統亦一日而未集」（參看陶宗儀《南村輟耕錄》卷三，頁 36-37）；問題是，緣何斷「宋命」之「絕」否、「革」否？甚

4　呂思勉《中國簡史》：「有明一代，政治雖欠清明，制度則頗為詳密。其大部都為清代所沿襲，有到現在還存在的。」（第四十五章，頁277）商鴻逵《略論清初經濟恢復和鞏固的過程及其成就》：「清朝入關向自誇以為能繼明善政，實際它並未能把明政好壞加以選擇或修改，而是一股腦地全部繼承下來，正如熊賜履所說，『國家章程法度一踵先朝之舊，……承訛襲陋，苟且因仍，曾不聞略加整頓』。」（《明清史論著合集》，頁81）《劍橋中國明代史》也說，「不能說清代的稅賦結構和財政改革優於明代的相應結構和改革；滿洲人對暴力、恐怖和恫嚇的依賴所造成的形勢能使晚明的改革比以前更為廣泛地進行。所以清代的社會經濟結構並沒有體現出與明代結構的決裂，它是明代結構的繼續。」（中譯本，下卷第九章，頁553）

至難以斷定宋亡於臨安城陷，還是陸秀夫厓山赴海。我在《易堂尋蹤》那本小書中說，正是如魏世傚這樣的遺民後代，「將『遺民』這一現象在時間上延展了，也將晚明的某種遺風餘緒，帶進了另一個時代。政治史上斷然分割的朝代，在個體人生中，在人的生動具體的生存經驗中，其邊界更失卻了清晰性質。兩個朝代之間的犬牙交錯、彼此纏繞，其關係的複雜性，幾乎不可能訴諸描述」（頁 137）。[5]

關於「之際」的敘述，正史並未形成嚴格的規範。全祖望說《宋史》列傳十卷，「未嘗載謝翱、鄭思肖隻字」（《移明史館帖子五》，《鮚埼亭集》外編卷四二）；還說《元史》於殉難臣僚有專傳，「而其仗節於順帝遜位之後，尚有多人，史稿成於洪武之初，多失不錄，如擴廓不當與張、李同傳，陳友定不當與張、陳同傳」，建議附元遺臣傳於《明史》（同上《移明史館帖子六》。張、李，張良弼、李思齊）。[6]錢謙益的《開國群雄事略》也不免以擴廓、陳友定與張士城、陳友諒諸「雄」並列。清修明史，沿用了類似的書法。[7]徐元文主持明史局，認為「明祚」訖於崇禎，應以崇禎「終本紀之篇」，福、唐、桂三王「從附傳之例」（參看李晉華《明史纂修考》，包遵彭主編《明史編纂考》，頁 101）。此建議顯然未經採納。三王作為諸王的附傳，見諸《明史》的《諸王傳》中。由此，南明三朝的地位被刻意貶

5　《宋史》寫趙昺、楊太后及樞密副使張世傑死，「宋遂亡」（卷四七）。鄭思肖卻說，「大宋不以有疆土而存，不以無疆土而亡」（《自跋》，《鄭思肖集》，頁198）。此類見解，由來應久。全祖望就以為丁鶴年決口之業，乃「殘元七廟之所維繫」（《鮚埼亭集》外編卷一八《海巢記》，頁704）。

6　按《元史》無陳友定傳。該書卷一四一敘述擴廓帖木兒，止於其棄太原，「領其餘眾西奔於甘肅」（至正二十八年）。趙翼所見與全祖望不同，以為《元史》以擴廓元季事蹟附察罕傳後，「而他日與明爭戰之事則不書」，「最為位置得宜」（《廿二史劄記》卷二九，頁415）。

7　但《明史》雖無「元遺臣傳」之目，對擴廓、陳友定、把匝剌瓦爾密與張士誠、陳友諒等，卻有顯然的區分，而非以「國初群雄」等視之。

低。[8]與其兄乾學、弟元文先後為明史總裁官的徐秉義，其《明末忠烈紀實・凡例》中說：「方今奉旨纂修明史，前朝人物幽光，不患其不顯矣。然觀宋元之史，其人當兩代之交，多遺其後事不書，故龔開文陸之傳，為宋史所不傳，而庚申外史，亦多元史所不載。以古況今，想亦當然。」（文，文天祥；陸，陸秀夫）其《紀實》一書的編著，意在「補史之闕文」。[9]《清史稿》的纂修者也沿用上述書法，於張煌言、鄭成功、李定國傳後論曰：此數人「比之擴廓帖木兒、陳友定輩，何多讓焉。即用《明史》例，次於開國群雄之列」（卷二二四）既以其人為「先代遺忠」，又以見清代「開創艱難」，用意的確曲折。

敘述明史，遺民著述也書法不一。《國榷》由太祖降生（元天曆元年）記起，訖於弘光元年（1328-1645），不及隆武朝事。[10]查繼佐

---

8 楊鳳苞《秋室集》卷二《南疆逸史跋十二》錄乾隆四十年閏十月二十四日上諭，曰「特命於甲申以後，附紀福王年號，仍從分注之例，而提綱則書『明』字以別之，直至蕪湖被執，始大書『明亡』」，以弘光朝與隆武、永曆朝區別對待，理由是弘光朝「偏安之規模未失，不可遽以國亡之例絕之」，而唐王、桂王「苟延殘喘，不復成其為國，正與宋末昺、昰二王之流離海島者相類，自不得等於福王之例」（按《宋史》卷四十七、本紀四十七有瀛國公趙顯及二王趙昰、趙昺傳）。舒赫德、於敏中等奉敕撰「勝朝殉節諸臣錄」，陳述議諡的原則，說凡在啟、禎間已經議諡者，均無庸再給；自福王以後得諡者，「並按其應諡之實，綜核更正」（《欽定勝朝殉節諸臣錄》），以示不承認福王等的正統地位。

9 按《宋史》有文天祥、陸秀夫傳，載卷四一八、卷四五一；徐氏所言不確。《元史・順帝本紀》對遁入沙漠後的順帝，記述極簡略（卷四七）。本書上文已涉及關於易代間人物的書法問題。《元史紀事本末凡例》：「舊史，革命之際起事諸人俱系後代，故陳勝、項籍不系秦而系漢，李密、王世充不系隋而系唐。元末群雄並起，若友諒、士誠、玉珍輩，俱當從此例，故今但略述喪亂之由，而其事應入我朝國史者，俱不載。」（《元史紀事本末》附錄三，頁228）四庫館臣卻批評該書記「元初草創之跡，邦瞻既列於《宋編》（按指《宋史紀事本末》），又以燕京不守，元帝北徂，為當入明史，是一代興廢之大綱，皆沒而不著，揆以史例，未見其然」（《四庫全書元史紀事本末提要》，《元史紀事本末》附錄四，頁229）。可證關於「之際」的敘述，的確未形成嚴格的規範。

10 據吳晗《談遷和國榷》，1653年該書尚在修訂中，是年為順治十年、永曆七年。

的《罪惟錄》始撰於順治十二年，完成於康熙十五年，以弘光、隆
武、永曆諸紀作為《帝紀》十七卷的「附紀」，卻仍將弘光置於帝系
中，與隆武、永曆、魯監國作了區分。[11]張岱既以為「崇禎甲申三
月，便是明亡」（語見本書首篇），其《石匱書後集》即以弘光、隆
武、永曆等，撰為《明末五王世家》。《與周戬伯》一劄自說「以先帝
鼎升之時，遂為明亡之日，並不一字載及弘光，更無一言牽連昭代，
兄可任意較讎，毋庸疑慮也」（《石匱書後集》附錄，頁 394）。則上
述體例，又像是出於避禍的考慮。[12]但無論《明史》還是上述諸史，
南明朝的史實散見於人物傳記（如瞿式耜、吳鍾巒、張肯堂等人
傳），如何看待南明諸朝，又像是不便僅據「體例」而斷定。[13]

---

11 附紀除魯監國、唐王、桂王外，尚有韓王（韓王名誤作本鉉）。孟森《後明韓主》
一篇，對《罪惟錄》本紀附紀之《韓王紀》詳為訂正。該篇說：「弘光以次三主皆
立國南方，故世謂之南明。川東地又近北而偏西，不能與南明並稱，故直謂之後
明云。」（《明清史論著集刊》上冊，頁84）謝國楨《增訂晚明史籍考》：「韓王名
本鉉，為農民軍領袖郝永忠（搖旗）、劉體純等擁立於鄖西、巴東山中，改元定
武，據守抗清，達十七年之久，清康熙二年癸卯（一六六三）被清軍擊敗，在永曆
失敗之後，為存明統之最晚者」（卷一，頁日）。按永曆十五年（定武十六年，清順
治十八年）桂亡，後二年（定武十八年，清康熙二年）十二月，韓亡。定武乃韓王
年號。
12 該書對明末諸王，也有區分。稱福王「弘光」，對隆武、永曆，則曰「上」曰
「帝」。且傳與論的書寫態度，亦不一致。唐王世家對隆武，頗多讚美之辭，「論」
則口吻嚴屬，不似出諸同一作者可感張氏的緊張戒懼。沈銘彝序高承埏所撰《自靖
錄》，說自己對該書「翻閱一過，知其於殉節故實，直書其事，並無譏議本朝之
語」，「正如祖伊奔告，第痛惜殷之所以失絕，不議周之所以得」（謝國楨《增訂晚
明史籍考》卷一七，頁733。祖伊，紂之臣；其「奔告」事，見《史記·殷本
紀》）。又是易代之際遺民的言述策略：對發生於其時的「興亡」，僅提供「亡」的
一面的考察與思考，也應當有禁網之下不得已的苦衷。
13 其他明史著述雖體例互異，無不隱含了與明亡、南明諸朝有關的判斷。《明史紀事
本末》編撰在順治十三年後，順治十五年刊行，所記以元至正十二年（1352年）朱
元璋起兵、崇禎十七年北京陷落為起訖。夏燮《明通鑑》於卷九十後有附記六卷，
始於甲申，迄於鄭克塽降（康熙二十二年），以清代帝號紀年。

　　以南明三朝的歷史為明史的一部分，抑明的後史，是某些遺民史家與主持明史局者的分歧所在，且被認為關係重大。以之為明的後史，即不妨據清的正統地位，而指南明為「叛」即使並未明言，此種邏輯也可能包含其中。遺民的孜孜於南明史的敘述，應當出於極現實的計慮。如黃宗羲、王夫之者，亦為自己參與其中的一段歷史作證。但如上文所說，同被劃歸「遺民」，言述策略也互有不同。朱希祖曾比較康熙本《明史稿》、雍正本《明史稿》與《明史》，猜測康熙明史列傳稿「既不立三王傳，又不分載於福恭王、唐定王、桂恭王傳」的可能用意，以為「萬斯同原稿如此，甚有深意」（參看謝國楨《增訂晚明史籍考》卷一，頁 20）。所謂「深意」，無非避免對南明歷史的貶抑。溫睿臨自說其《南疆逸史》的編撰，因萬斯同之囑（見該書凡例），但溫氏自序該書，解釋何以紀弘光、隆武、永曆三朝遺事而不言「朝」，卻說因其「不成朝也」（《南疆逸史‧序》，頁 1），那麼萬斯同的原意又是什麼？[14]南明這段與清初並行的歷史，其地位的不確定性由此也可見。

　　本書已經提到的官修《元史》、《明史》「有意遺落」最後的抵抗者。諸史的編纂者或也格於體例，有不得已的苦衷。孟森所指摘的以元臣入《明史》，以明臣入《清史稿》，多少也應當由紀傳一體造成：人物歷史不便依朝代作斷然地切割。有些問題甚至不止令當時的史家為難。確定遺民的朝代歸屬，即使今天的出版物，也仍然未能劃一標準。同一張岱，上海古籍出版社的《陶庵夢憶》、中華書局的《石匱書後集》以其為明人，而浙江古籍出版社的《四書遇》、《夜航船》則

14 對南明三朝，確有「三朝」或「三藩」（後者如楊陸榮《三藩紀事本末》）的不同說法。既以福王、唐王、桂王為「三藩」，即非以之為帝王，不以為具「朝代」性質不過暫存於清代的明代藩王而已。楊陸榮《三藩紀事本末‧凡例》有「是編遵本朝正朔，各藩所僭位號，不以統年」云云。

以其為清人。[15]紀年之為難題，也見之於遺民年譜。朱彝尊上書明史
館總裁，認為莊烈帝（即崇禎）之諡「定自本朝」，「宜以後定之諡大
書簡端」（《史館上總裁第七書》，《曝書亭集》卷三二，頁549）。「莊
烈帝」（莊烈潛皇帝）當其時並未通用。全祖望說倪元璐明諡文正，
清諡文貞，「今《明史》並作『文正』，誤矣」（《鮚埼亭集》外編卷三
／《跋始甯倪尚書墓銘後》）。而通行的正是「文正」。近人陳垣以為
不應稱金聲「金忠節」，而應稱「金文毅」，因「文毅」系明諡（《讀
金正希先生集》，《陳垣早年文集》，頁98）當年的士人卻未必作如是
觀；「文毅」的確不如「忠節」的更為人所知。劉宗周魯王諡「忠
端」，唐王諡「忠正」，清諡「忠介」，通行的也是「忠介」。

　　見之於文獻，明清兩個朝代交接處的模糊地帶還不限於此。處明
清易代，關於近事的記述往往示人以敘述者身份的曖昧。即如陳廉
《豫變紀略》，記明朝與李自成戰，謂明為「我」（如曰「我軍」），記
明清對決，則曰清為「我朝」，清軍為「王師」、「我兵」、「我師」。其
他如《鹿樵紀聞》之屬，雖曰清「國朝」、「王師」、「朝廷」、「本
朝」，記述南明事，卻絕非如對敵國。避免在行文中明確地「站位」
亦清初野史常見的「書法」，或可認為為正史編纂在敘述方式、語態
上預作了準備。至「我朝」、「勝國」區分儼然，也就到了新朝的統治
已然確立之後。

　　回到本書首篇討論過的題目上，則應當說，無論正史還是私家著
述，都證明了王朝歷史的起訖，本沒有也不必設絕對的斷限。一代之
史，包括了其前史、後史均為「之際」的歷史。亦興亦亡，方死方
生，這種想像或許更逼近「原本的」歷史生活？

---

15 謝國楨《增訂晚明史籍考・凡例》說「茲編凡明末遺民，及在明有科甲者，盡題明
　　字；其已入仕清朝者，則題清字。如事實不明，則僅題其姓名；籍貫，時代則暫從
　　闕如」（頁19）。

元明—明清之際

魏斐德《洪業清朝開國史》說,「明清兩朝的嬗替,決非一次突如其來的事變。無論是我們現在所持的公正觀點,還是當時在明朝臣民和清朝征服者中流行的觀點,都承認 1644 年的事變,肯定是 17 世紀明朝商業經濟萎縮、社會秩序崩潰、清朝政權日益強大這一漫長進程的組成部分。」(中譯本,頁 1)這種敘述顯然不適用於元的取代明。李思純的《元史學》引梁啟超語,謂「成吉斯汗以漠北一部落崛起,數十年間,幾混一東半球,曾不百年,子孫淪滅,退伏沙漠,正如世界歷史上一颶風」(頁 3)。倏起倏落,其興也疾,其衰也驟,在這一點上,元代歷史像是有十足的戲劇性。但將明興元亡看得太輕易,似乎也經不住推敲。商鴻逵比較清的代明與明的代元,說「清朝取代明朝的封建統治像是很容易,實則很不容易。不像明之代元,順帝出走,大都遂下,中原地區即漸進入安定狀態」(《清初內地人民抗清鬥爭的性質問題》,商氏著《明清史論著合集》,頁 61)。這種說法至少忽略了「順帝出走」後元的歷史。呂思勉的《中國簡史》說:「世祖(按即忽必烈)滅宋之日,就是元朝最盛之時,然而其分裂,也就於此時開始了。」(第三編第三十七章,頁 243)由這角度看,元亡豈不也經歷了漫長的過程?

明亡前後正是以明亡為契機元明之際的歷史得以重新清理。錢謙益、潘檉章不失時機地涉足禁地,以關於有明國初史的考證,參與建構關於故明的歷史記憶,所從事的,多少是一種揭秘的工作,包含了批判意圖。這意圖甚至相當顯豁。史家精神,於此得以張揚。事實是,明清帝王都諱言來歷。明也有要刻意隱諱的「前史」,即某一部分元末群雄爭鬥史。

如若以兩個「之際」強為比較,不難看到的是,明清之際不曾形

成如元明之際的軍事割據局面；發生在明清之際南部中國的稍具規模的反清軍事活動，包括山砦如蘄、黃四十八砦，往往由士大夫主持，與元明之際的割據勢力當起事時的情況不同。至於所造成的破壞，據國外學者的考察，就水利系統而言，明清之際遠沒有元末明初嚴重。[16]

主持並參與撰寫《劍橋中國明代史》的牟複禮認為，元朝瓦解和明朝興起的方式「完全不是表現在中華帝國歷史上的那種改朝換代的模式」（中譯本，頁12）。該書第二章說，明朝「從一個叛亂運動中產生，這個叛亂運動的基礎是中國的秘密會社傳統和外來的宗教形式。在反叛元帝國的時候，它在某種程度上採用了世襲的和窮兵黷武的蒙古人和色目人統治階級的世界觀。只是在後來它才想到要爭取文人學士，才對儒家傳統讓步」（中譯本，頁108）。認為反叛元帝國者「在某種程度上採用了世襲的和窮兵黷武的蒙古人和色目人統治階級的世界觀」，是一個有趣的判斷。值得追問的是，這裡所謂的「世界觀」（如果中譯本沒有誤譯的話）具體指的是什麼？

到了明亡之際，士大夫自然地擬清於元，以此作為言述策略，由那個胡人統治的朝代，辨認自己當下的處境與命運。呂留良《錢墓松歌》借元說清，跡近詛咒（詩見《呂晚村詩・真臘凝寒集》）。雍正《大義覺迷錄》卷二引曾靜口供：「因呂留良《錢墓松歌》上有云：『其中雖有數十年，天荒地塌非人間。』彼時聞得此說，如墜深谷。語雖為元朝而發，而引例未嘗不通於本朝。」三藩變中在臺灣的鄭經發佈征討清廷的檄文，指清為「狡胡」，說「歷觀故元之政，未有敗

---

16 「在14世紀，受破壞最嚴重的地區簡直杳無人煙。而在17世紀40-50年代，水利系統的總體結構完整無損，動亂時期的倖存者得以從早先較為安全的避難地返回原居。」（魏斐德《洪業清朝開國史》中譯本，頁843注1）。

壞如今日之甚者」(《大義覺迷錄》,清雍正間內府刻本)。[17]

上文談到清定鼎後明清間的纏繞糾結,元與明何獨不然,只不過形態有別罷了。事實是,「興朝」(明朝)在其二百餘年的歷史中,始終由那個遁入沙漠的王朝的「殘餘勢力」伴隨。這種共生關係,理應作為我們想像兩個朝代的一部分根據。事情的複雜性不止於此。與明朝「共生」的,另有一個「暗中」興起的王朝孟森的《明元清系通紀》,將這種共生關係呈現得何其豐富而生動!《劍橋中國明代史》下卷第四章寫到了有明一代的蒙古人(《蒙古的威脅》),有明一代的女真人(《從女真到滿族》),視野開闊。寫的正是明與被取代的元朝及逐漸興起的清的相互膠著的歷史。與明在一段時間裡共生的,除了暗中興起中的後金/清,未亡、未盡亡的元,另有同樣由成吉思汗的後裔建立的帖木兒帝國(1370-1506)。[18]上述歷史圖景色彩何等繁複駁雜!

李思純的《元史學》說,「自來研究蒙古史跡者,皆注意於成吉斯汗以來之武功政略,至於元亡明興以來,當時蒙古部落,竄歸沙漠後之變遷蛻化,以成今日蒙古之局,則鮮為人所注意」,而張穆的《蒙古遊牧記》則開啟了這項研究(頁66)。李氏提請注意的,正是梁啟超所說的那陣颶風過後「退伏沙漠」的蒙古歷史。[19]《明史紀事

---

17 魏斐德《洪業清朝開國史》中譯本,頁728注1:「清初作家經常根據元代進行類推。如蘭德彰在評論顧嗣立的《元詩選》時所說『顧嗣立似乎認為,他所瞭解和熱愛的文化會在清人統治中國期間繼續存在下去,而這個階段,再用類推法看,證明是短命的。』蘭德彰《顧嗣立元詩選與中國17世紀後期的忠君主義》,第3頁。」

18 張文德《明與帖木兒王朝關係史研究》劉迎勝序說,這個由成吉思汗的後裔建立的王朝,「成為除明帝國之外蒙元王朝政治遺產的最大繼承者」(頁1)。

19 出版於1926年的李思純的《元史學》,並非關於元史的敘述史學著作,討論的是元史作為學術即「元史之學」。該書四章的標題分別為「元史學之鵠的」、「過去之元史學及其史料」、「元史學之各項問題」、「元史學之將來」,旨趣可知。

本末》卷十題作「故元遺兵」，說「順帝北出漁陽，旋輿沙漠，整複故都，不失舊物，元亡而實未始亡耳」（《明史紀事本末》卷一〇，頁149）。該卷記洪武三年徐達等人「往征沙漠」，亦元明對抗在沙漠中的繼續。此後元、明間的對抗，起伏隱現，而蒙古族繼續以「元」為名義，如景泰四年也先對明通貢，書稱「大元田盛大可汗」；成化十年，元世祖七世孫巴圖孟克向明朝奉書求貢，自稱「大元大可汗」。[20]據此，元在幾乎有明一代，不但是象徵意義上的、而且是實體性的存在，縱然只是「不絕如線」。[21]這實在是漫長的「之際」。

元史、元明之際這段歷史的敘述，曾以平衡「階級」／「民族」為一大關鍵。謝國楨《南明史略》開篇說：「在十三世紀後期至十四世紀前期，我國曾為元朝蒙古貴族統治了約有一個世紀，人民受到蒙漢統治階級的嚴重的剝削和壓迫，因而激起了元末農民大起義。明太祖朱元璋以農民出身，起兵濠梁（安徽鳳陽），驅逐了元朝統治者的殘暴勢力，恢復了漢族的統治……」表述中力求兼顧「階級」與「民族」。蒙思明以為，「前人往往以純民族革命解釋元、明代之史跡者，

20　參看陳生璽《明末蒙古各部的紛爭與清（後金）對漠南蒙古的征服》（《明清易代史獨見》，頁90）。達力紮布《北元政治制度的演變及其歷史分期》：「1368年，元朝在中原的統治崩潰後，蒙古貴族退回北方草原，逐漸演變為蒙古遊牧政權。自元廷北徙上都至蒙古林丹汗子額哲降清存在了二百七十年（1368-1635年），幾乎與明朝相始終。《高麗史》中稱作『北元』，明代史籍中初稱故元，後改『北虜』、韃靼等，亦俗稱『北朝』。蒙古人則始終自稱為『大蒙古』或『大元』。」（《明清蒙古史論稿》，頁82）該文、該書則取「北元」之稱。同書《北元初期史實略述》：「北元初期二十年，曆惠宗（即元順帝）、昭宗、脫古思帖木兒汗三朝，雖然未能重返中原，但是得以立足北方草原，成為與明朝並存的蒙古政權。」（頁1）關於元朝殘餘勢力（「故元遺寇」）與明王朝間的軍事對抗，見《明史》卷三二七《韃靼列傳》。「北元」、「元廷」／「故元」、「殘元」，元惠宗／元順帝、庚申君，指稱不同，視野亦有別。

21　「元氏宗祧不絕如線」，明成祖語，見《明史》卷三二七《韃靼列傳》。

殆未必然也」(《元代社會階級制度》,頁 216)。該書不惜生造「種族階級」、「經濟階級」等名,無非為了釐清上述關係。蒙氏注意到元末的造反民眾,「焚蕩城郭,殺戮士夫」,卻「未聞其殺戮蒙古、色目人」;抗拒造反民眾的,主要的也非蒙古、色目人士,而是漢人、南人中的力量「足以推翻元室之統治」的「財富階級」(同書,頁 225-226)。他以為「歷來治史者之均以民族革命目元末之民變者,蓋皆由結果而斷定其性質者也」(頁 226)。蒙氏又認為「元末革命」的過程中有「性質之轉移」(頁 229)。而朱元璋至「江南既平」,才更鮮明地提出「種族革命」之口號(頁 232);元既亡,乃有「若干排除胡習之法令,與防範蒙人之處置」(頁 233)。「群雄」當起兵之初,未必有明確的「夷/夏」意識,這一點顯然不同於明清之際與清末。考察士大夫的夷/夏觀念由宋到清的演變,元明之際與明清之際的上述差異,無疑值得細細推究。

洪武三年六月,百官上表賀平沙漠,朱元璋對臣下說,當自己起兵之時,「天下已非元氏有」,「朕取天下於群雄之手,不在元氏之手」(《明實錄‧明太祖實錄》卷五三,頁1056),並不否定被取而代之的政權曾經擁有的合法性。無獨有偶,明玉珍取四川,自稱隴蜀王,所頒的政令中,也有「予取爾蜀於青巾之手,非取諸元」云云(參看錢謙益《國初群雄事略》卷五,頁 117。按青巾,元末民間武裝,李喜〔一作李喜喜〕稱首)。清初當道也有類似的說法,即取自流賊,而非取自明都不願意承認自己推翻了「合法政權」。無論以夏代夷,還是相反,暗中都有對於「正統」的敬畏,不欲背負「篡」、「竊」之名。

明太祖對於被明取代的元朝,心情很有點微妙。洪武三年六月,明太祖「命禮部榜示:凡北方捷至,嘗仕元者不許稱賀」;「又以元主不戰而奔,克知天命,諡曰順帝」(《明實錄‧明太祖實錄》卷五三,頁 1040)。同年同月,中書省因李文忠奏捷榜諭天下,太祖以為其中

有「侈大之詞」，對元「妄加詆誚」，說：「況元雖夷狄，然君主中國且將百年，朕與卿等父母皆賴其生養。元之興亡，自是氣運，於朕何預？……」承認曾經是元的臣民。關於是否可以用獻俘之禮，與楊憲有如下一段對話。太祖：「……古者雖有獻俘之禮，武王伐紂，曾用之乎？」憲對曰：「武王事殆不可知，唐太宗嘗行之矣。」太祖：「太宗是待王世充，若遇隋之子孫，恐不行此禮。元雖夷狄人入主中國，百年之內，生齒浩繁，家給人足，朕之祖父亦預享其太平。雖古有獻俘之禮，不忍加之……」（同書同卷，頁1041）其《平定沙漠詔》一再申明自己的參與反元軍事，出於無奈；元亡明興，「系乎天運」，「非朕所能」（同上，頁1045）。可見對逆取順取，甚為在意，並不即據華／夷說辯護自己取彼代之的合法性；儘管也用與夷／夏有關的一套說辭，對其所謂的「胡虜」、「夷狄」，並不就深惡而痛絕之；對元、元主，始終保有複雜的評價態度與感情甚至正是曾經的「臣民」的感情。[22]

攻取元都前，朱元璋曾問計於徐達，徐氏以為若「師進而彼北

---

22 據《國榷》，元至正二十七年十月朱元璋檄今北方諸省人曰：「自古帝王臨馭天下，中國居內，夷狄居外，未聞夷狄治中國也」，說自己意在「廓逐胡虜，拯生民之塗炭，複漢官之威儀」，卻又承認元初「君明臣良，維綱天下」（《國榷》卷二，頁345）。同年十二月祭告上帝皇祇，也有「自宋運告終，帝命真人，來自沙漠」云云（同卷，頁350），肯定元的君權亦自神授，非由篡、竊。此意他一再說過。洪武元年正月詔曰：「自宋運既終，天命真人於沙漠，入中國為天下主，傳及子孫，百有餘年」（同書卷三，頁352）。洪武六年十一月，更「立元世祖廟於北平」（同書卷五，頁494）。洪武七年八月祭元世祖文曰：「朕本元之農民，初無黃屋左纛之意，不揆菲德，繼承正統。唐虞禪授，湯武征誅，因時制宜，其理昭然。神靈在天，想自知之。」（同卷，頁507）《劍橋中國明代史》提到，朱元璋「對那些曾服務於元朝的人和精英階層中他的『階級敵人』都採取明顯的概不歧視的態度」，這一點「對馬克思主義歷史學家來說一直是一個難題」（中譯本，第一章，頁54）。還說，朱「從未向蒙古元王朝一度享有的合法性挑戰，只是指出蒙古在他那個時代應該失去它的合法地位」（同上，頁56）。

奔，不窮跡之，將為異日憂」。朱元璋卻說：「元運替矣，彼且自漸盡，何煩我窮兵為？出塞之後，固守疆圉，防其侵軼可也。」（洪武元年六月，《國榷》卷三，頁363）顯然不欲趕盡殺絕。[23]此後的北征沙漠，也因迫於來自蒙古人的威脅，倒是證明了元的「殘餘勢力」圖謀恢復的意志之頑強。

元明之際的「群雄」（也作「群盜」）往往倏「叛」倏降，身份變幻不定。錢謙益《國朝群雄事略》所記「群雄」中，有起兵反元者，有先反而後降元者，有作為元的地方勢力打擊反元武裝者，有起兵保鄉里而欲捍禦一方者，有擁兵自雄而最終降明者，正合成一幅紛亂動盪的圖畫。朱元璋對張士誠聲罪致討，所列罪狀如「詐降於元」，如「僭號改元」，立場就不免混亂，正所謂「欲加之罪，何患無辭」；至於斥其人為民不良，「私販鹽貨」，據有浙江後十年不貢錢糧，更像是出於元廷口吻，忘記了自己乃何許人（參看錢謙益《國朝群雄事略》，頁193）。

立場模糊的，亦有史家。我們在這裡又遇到了「書法」問題。錢謙益的《國初群雄事略》，以元與大明為合法政權，以察罕帖木兒、李思齊所將為「義兵」，以「天完」、「漢」、「夏」為「偽」，以「東吳」、「慶元」為「盜竊」，更是由元、而非明立論的（按：「天完」，

---

23 不惟此，對於俘獲的元廷後妃，囑以尊重其習俗，「飲食居第，務適其宜。若其欲歸，當遣還沙漠」（洪武三年六月，《明實錄‧明太祖實錄》卷五三，頁1043）。一再送元人北歸，不強之，也應當有基於「民族特性」的考慮。在元末爭戰中的至正二十七年，即送元宗室神保大王及黑漢等九人北歸（《國榷》卷二，頁341），到明初仍沿用這種做法。如洪武三年四月釋元平章火兒忽答、右丞哈海等北歸（同書卷四，頁412）；洪武十一年十月，「歸元平章完者不花於故元丞相驢兒」（同書卷六，頁566）。前此，洪武七年九月，更禮遣順帝孫買的裡八剌北歸。明太祖禁漢人「胡習」，卻像是並不鼓勵胡人漢化，曾禁蒙古、色目人更易姓氏，說的是「天生斯民，族屬姓氏，各有本源」（洪武三年四月，《明實錄‧明太祖實錄》卷五一，頁999）。

徐壽輝;「漢」,陳友諒;「夏」,明玉珍;「東吳」,張士誠;「慶元」,
方穀珍,又作方國珍)。在這一點上,錢氏的見識似乎在談遷之下。
《國榷‧義例》:「國初如漢陳友諒、吳張士誠、夏明玉珍之類,或書
『入寇』,云『偽漢』、『偽吳』、『偽夏』,大非孝陵逐鹿之意。秦初未
嘗臣六國,漢初未嘗抑西楚也……」[24]黃宗羲的《留書‧史》更強調
「內外之辨」,包括了內盜賊而外夷狄,以為「即以中國之盜賊治中
國,尚為不失中國之人也。徐壽輝改元治平,韓林兒改元龍鳳,吾以
為《春秋》之義將必與之」,史臣卻「賊之偽之」,「獨不思為賊為偽
有甚於蒙古者耶?」(《黃宗羲全集》第11冊,頁12)其實「賊之偽
之」,記述元明之交的歷史者,幾乎無不然。但錢氏題作「群雄事
略」,又不免將諸種力量、各路英雄(由小明王、徐壽輝,到陳友
諒、張士誠,到擴廓帖木兒、陳友定)均以「雄」視之即使並非就等
量齊觀。該書校正《元史》,說某處誤將太祖參與的抵抗用了「賊」
的字面,乃「失於考證而不知避諱」(頁56),也提示了敘述之為難
題:須同時站在元朝與大明的立場上,才能避免此種大不敬的危險錯
誤。[25]

　　元史敘述,因關涉有元一代的評價,在明清之際的論者那裡,不
能不有更為敏感的性質。黃宗羲追究《元史》關於宋元之際的書法,

---

24 近人對元明之際人物的政治—道德評價,則另有一套標準。韓儒林主編的《元朝
史》即有「投降變節的張士誠」、「兩面三刀的方國珍」等標題(下冊,頁134、
138),以張、方為(背叛農民起義軍事業的)「叛徒」;由生活方式斷陳友諒、張士
誠為「新生的地主分子」(下冊,頁139);認為朱元璋當討張士誠之時,「已公開背
叛農民起義」(下冊,頁143);何真乃「鎮壓廣東人民起義的劊子手」(下冊,頁
148)。

25 關於官修《元史》,顧炎武以為石抹宜孫傳,「上言大明兵,下言朝廷。朝廷謂元
也。內外之辭,明白如此。」(《日知錄集釋》卷二六《元史》,頁610)還說「《順
帝紀》,『大明兵取太平路』,『大明兵取集慶路』,其時國號未為大明,曰大明者,
史臣追書之也。古人記事之文,有不得不然者類如此」(同上)。

說的就是該書將降元的宋恭帝「書瀛國公」，不以趙昰、趙昺二王列《本紀》，「其崩也，皆書曰『殂』」，「虜兵入寇則曰大元」（《留書‧史》，《黃宗羲全集》第 11 冊，頁 11）。事實是，書宋恭帝「瀛國公」，萬斯同亦然（參看萬氏《書庚申君遺事後》，收入氏輯《庚申君遺事》）。王夫之更指斥主持《元史》編纂的宋濂為元朝隱惡，說《元史》成，「而天下之直道永絕於人心矣」（《讀通鑑論》，《船山全書》第 10 冊，頁 575-576）。同為遺民，談遷卻質疑「國史」（按應指《明實錄》）關於元明之際的書法，認為不應當以遁入沙漠後元順帝子（元嗣君愛猷識理達臘）的南犯為「入寇」，說：「彼故元之東宮也！今日之事，楚人得之，楚人失之，乃云『寇』哉！」（《國榷》卷六，頁 561）

最有分析的難度的，無疑是元末忠義與明初遺民。

《明史》擴廓帖木兒傳，記太祖大會諸將，問道：「天下奇男子誰也？」皆以常遇春對，太祖笑曰：「遇春雖人傑，吾得而臣之。吾不能臣王保保，其人奇男子也。」（卷一二四）此種梟雄心理，固堪玩味，也證明了擴廓的魅力。[26] 寫到明清易代中最後的抵抗者鄭成功、李定國，敘述者會擬之於元明之交的擴廓、陳友定。李慈銘《越縵堂日記》說李定國「以一身結有明殘局，與元之王保保等」（轉引自謝國楨《增訂晚明史籍考》卷一四，頁 654）。全祖望則以王保保為楷式批評鄭成功，說：「鄭成功之在海上，世祖曾以海澄公招撫之，成功亦上表，但不肯剃髮而止。不肯剃髮，則非真降矣，然其多

---

26 談遷對此評論道：「世之為男子者多矣，獨讓我擴廓，出於宸鑒，未始為激論也。」（《國榷》卷六，頁526）對抗之際，朱元璋卻也曾一再將擴廓比作曹操（參看錢謙益《國朝群雄事略》，頁265）。何喬遠也說擴廓「不國家之急而先私仇」（參看《國榷》卷六，頁525）。擴廓曾被疑有「不臣」之心；由傳記看，確也不大合於「純忠」的標準。

此一表，是不能不愧於王保保者也。」（《鮚埼亭集》外編卷二九《題
海上遺志錄》）。[27]

明清之際有所謂「粵東三烈」（亦曰「廣東三忠」），元明之際，
閩地亦有「三忠」之目。《明史》陳友定傳：「時云『閩有三忠』，謂
友定、柏帖木兒、迭裡彌實也」，說陳「父子死義」，「時人稱完節焉」
（卷一二四）。[28]郭造卿撰陳友定傳，記其人之死，極其慘烈：「友定
至京，帝（即明太祖）將釋之，授以原官，曰：不降，伏『銅馬』
（古炮烙刑也）。友定伏之」（參看《國朝群雄事略》，頁295）。明代
有人不仕，藏陳友定像，世世祀之。據說畫像上的陳氏「長身巨目，
狀貌偉然」（同上）。另有元末三忠，即擴廓、陳友定、梁王把匝剌瓦
爾密。[29]

我曾討論過明清之際的士人關於劉因、許衡的不同論述（《明清
之際士大夫研究》下編第五章附錄）。在我看來值得探究的，不但是
許衡等人處「當代」（元代）之道，與他們的理學、儒學信仰間的關
係，更是儒學本身的結構有何種縫際，使關於許、劉的對立的論述
有可能展開；對許、劉的辯護，是否包含了使夷夏問題相對化的邏
輯。[30]寫作《留書・史》，黃宗羲對許衡、吳澄批評激烈，與王夫之思

27 徐鼒亦以為李定國可比之於王保保（《小腆紀年附考》卷一八，頁690-691）。由上文
可知，《清史稿》亦以張煌言、鄭成功、李定國擬之於擴廓、陳友定。

28 解縉說，「元末起義諸人，獨陳友定始終盡節為無愧」（《月山叢談》，轉引自錢氏
《國朝群雄事略》，頁295）。《明史紀事本末》說陳「為人勇沈」，當明兵壓境，「義
無反顧」，「誓死報元」，乃「犖犖尤異者」（卷六，頁89），擬之於田橫。

29 《明史》曰：「擴廓百戰不屈，欲繼先志，而齎恨以死。友定不作何真之偷生，梁
王恥為納哈出之背國，要皆心之忠臣也。」（卷一二四）同書還說：「嘗謂元歸塞
外，一時從臣必有賦《式微》之章於沙漠之表者，惜其姓字湮沒，不得見於人
間。」（同卷）孟森《明清史講義》以擴廓、陳友定、把匝剌瓦爾密為「元之遺忠」
（第二編第一章，頁21）。

30 有明一代，圍繞許、劉的爭議似乎始終存在。宣德十年，以吳澄從祀（《明史・禮

路相通，卻並不就能由此斷定黃氏關於元代、元儒的評價態度。據黃嗣艾《南雷學案》，黃宗羲曾說：「素中國行乎中國，素夷狄行乎夷狄。古老相傳禮教二字，就是當路之准的。蒙古據有中國，許、趙之功高於弓矢萬倍。自許、趙出，蒙古亦中國矣。」（卷一，頁7，上海正中書局，1936。許，許衡；趙，趙複）[31]《宋元學案》將元儒置於儒學承續、傳播流布的脈絡線索中，不因諸儒的處夷狄之世而另案處理。[32]

陶宗儀《南村輟耕錄》錄楊維楨的《正統辨》（見該書卷三），說楊氏該辨「一洗天下紛紜之論」，不免誇張。楊氏說修遼、金、宋三史，「宜莫嚴於正統與大一統之辨」；以為正統在宋，元為繼統（卷三，頁34），就是鄭思肖輩萬萬不能贊同的；以「正統」與「大一統」並提，而不及於夷／夏，則是十足的元人面目。[33]如若將明末士

志》）。憲宗成化元年十二月，詔議元儒劉因從祀，很招致了反對的意見（《續文獻通考》卷四八《學校二》，頁3229）。至於王夫之等人的有關論述，尤可資考許衡、劉因、姚樞一流人物作為話題，在明代（尤其中葉以降）民族矛盾加劇的歷史情境中。

31 《留書》中諸文之作，在順治十年，永曆朝尚未亡。黃氏本人的《留書題辭》中說：「癸巳秋，為書一卷，留之篋中。後十年，續有《明夷待訪錄》之作，則其大者多采入焉，而其餘棄之。」（《黃宗羲全集》第11冊，頁14）在當時，十年就有可能完成一種變化。遺民的警覺於時間，大有道理。

32 卻也應當說，以黃百家等人分任編輯、經全祖望續修的《宋元學案》，其中的《魯齋學案》（黃宗羲原作《北方學案》）、《靜修學案》（黃氏本以之附《北方學案》）均無黃宗羲的按語；該書關於元儒的評價，不足以證黃氏個人的態度。

33 鄭思肖嚴於夷夏之辨。他所撰《古今正統大論》，以為元魏、「十六夷國」、隋乃夷狄，即秦始皇、曹操等，亦以「不道」或「篡逆」，斷其不應與於「中國正統」；以為《北史》宜黜曰《胡史》，說：「若論古今正統，則三皇、五帝、三代、西漢、東漢、蜀漢、大宋而已。」（《雜文》，《鄭思肖集》，頁134）並唐亦「黜」之（因李唐「實夷狄之裔」，「姑列之於中國，特不可以正統言」）。而「兩晉、宋、齊、梁、陳，可以中國與之，不可列之於正統」（同上）。他斷然道：「聖人也，為正統，為中國；彼夷狄，犬羊也，非人類，非正統，非中國。」（《久久書正文》，同書頁103-

人的有關論述引入，更可證所謂「正統」者，在不同時期不同論者那裡，判斷的標準大不一致，其間有著極為豐富的差異。

蕭公權論劉基的政治思想而強調的，就有劉氏「據民本之旨以明革命大義，而始終未嘗一及種族夷夏之辨」，說「劉氏雖深譏蒙古政府之腐敗，然其譏之者以其為無道之政府，非以其為異族之政府，向使蒙古用之，大行仁民之政」，「異族政府雖維持至於久遠可也」。蕭公權以為「劉氏之政治哲學以民本為最高之原則。遠似隋末之王通，近似元初之許衡。而王許二人猶略存種類文化觀念，劉基則獨倡大同之說，誠一可異之事」（《中國政治思想史》，頁 534-535）。劉基的確曾將「中國」與「四裔」（即夷夏）的界限相對化，說「中國以四裔為寇，而四裔亦以中國之師為寇……是以天下貴大同也」（《郁離子‧神仙第十五》，《誠意伯文集》卷一九，頁 456-457）。上文所引黃宗羲晚年之論，與劉氏的思路倒是不無銜接。

錢謙益《跋王原吉梧溪集》，比王逢於謝翱，將逢之不忘元，與夷、齊之不忘殷相提並論，並不以為擬於不倫（《牧齋初學集》卷八四，頁 1765）。黃宗羲也將明遺擬之於元遺，他的《陸汝和七十壽序》說，「元亡，戴九靈與其徒慟哭流連於此，山光水影，尚有黯然之色」；明亡，其地則有陸氏，「直欲起九靈而與之為友」（《黃宗羲全集》第 10 冊，頁 568。戴九靈，戴良）。《壽徐蘭生七十序》以為徐氏之詩，「仿佛鐵崖北裡新聲」（同書，頁 660。鐵崖，楊維楨）。擬宋遺（如汐社），擬元遺，自居其倫，並不再作區分。

不同於明清之際，元明之際因了軍事割據，不止有元遺，尚有「吳遺」（按張士誠國號大周，降元後自稱吳王），即張士誠政權之遺亦一種特別的現象。高啟《代送饒參政還省序》開篇就說：「太尉鎮

吳之七年,政化內洽,仁聲旁流,不煩一兵,強遠自格,天人鹹和,歲用屢登,厥德懋矣。」(《高青丘集・鳧藻集》卷三,頁 898)太尉,即張士誠。錢謙益《國初群雄事略》錄陳基悼念張士誠弟張士德詩,其中有「間關百戰捐軀地,慷慨孤忠罵寇年」、「至今父老猶垂淚,花落春城泣杜鵑」等句(卷六,頁 158-159)。「寇」自然指朱元璋等。[34]被懷念的另有陳友諒。清王應奎《柳南隨筆》記有如下故事:「宋文憲公濂,嘗館吾邑富家。一日,有丈夫從二童子來謁,自稱賣文,談論出入經史,至兵機尤長。宋公不能答,請其詩,曰:『吾一詩直二十金。』主人許之,詩成,甚俊拔。宋公以文請,曰:『吾文非百金不可。』主人又與之,援筆立成,文不加點。宴畢,請觀宋公書室,出前金贈曰:『僕非受此,為先生地耳!』遂辭去。使人送至海濱,舟師數千,軍容甚盛,乃陳友諒也。以宋公有才名,欲禮聘為軍師,聽其論無武略而去,一邑大驚。」(卷六,頁 121)東南士人記憶中的陳友諒,竟有這樣的風采!群雄割據影響於士大夫關於元明之際的記憶,要由複雜的歷史脈絡才能瞭解。

「元亡而實未始亡」

上文所引《明史紀事本末》所謂「元亡而實未始亡」,指元代的政治設施與軍事力量在明代前期的存在。元代未亡的,尚不止於此。也如同對於明清之際,大可據諸種線索考察元明兩個朝代間的關係那關係確也說得上糾結纏繞。

---

34 錢氏該書說,張士誠固然曾降元,不過「假元封爵,實不用其命」(同上,頁163)。還說,「士德以好賢下士,創造霸業,如王逢、楊維楨、陳基者,頌慕之詞久而不替,不獨如陳基葦流,召致館下者也」(同上,頁160)。明清間如隆武者,亦「好賢下士」,卻未及張吳的「深得士心」,在吳地士大夫中刻印如是之深。

　　關於明承之於元，明人並不以為諱，萬曆間徐申序《元史紀事本末》，就說得很清楚。該序說明「能黜元而不能盡廢元法，如欽天推步則至元間所授，科舉三場則皇慶間所定，四書、《易》、《詩》之用朱注，《書》之用蔡注，《春秋》之用《胡傳》，則延／間所表章，文武官級則劉秉忠、許衡所建設，漕渠則張禮孫、郭守敬所疏鑿，河防築堤治埽諸法則賈魯所經營。大抵開創之始所引用者皆勝國之人，所習見者皆勝國之事，故一時紆畫厝注多相沿襲」（《元史紀事本末敘》，《元史紀事本末》，頁 223-224）。[35] 近人尚不見得能這樣面面俱到。錢穆《國史大綱》說元代雖有諸多弊政，但「開浚水利之功，頗可稱道」（第七編第三十五章，頁 645）。謝和耐更以為，「正是西元10 世紀至 13 世紀的來自中亞和今天蒙古一帶的野蠻遊牧民族的持續不斷的壓力，才構成了促進中國長江流域和東南省份經濟普遍成長的主要動因。」（《蒙元入侵前夜的中國日常生活》中譯本，頁 3）實則元代不止將水利工程或經濟成長的趨勢留在了此後朝代中。一個輕視文治的朝代，也自有其文化遺產。《國史大綱》認為即使科舉以「四書」義取士對元代政治並不曾發生實際影響，卻「自此相承直至清末，實中國近世一至要之創制也」（第七編第三十五章，頁 660）。呂思勉說「學校，元朝就制度上看，是很為注重的。雖在當時未必實行，卻可稱為明朝制度的藍本」（《中國簡史》第三十九章，頁 249）。此外尚有道學的官學地位的確立（參看蕭啟慶《蒙元支配對中國歷史文化的影響》，《內北國而外中國：蒙元史研究》，頁 55）。另有白話勢力的擴張。[36] 由此不難辨認兩個王朝、兩段歷史生活的諸多連接

---

35 該序說：「絜短度長，則元之功於明者鉅也」；還說：「元於宇宙間固稱極亂，要其盛時，君臣相與講求創置一代之基，亦自有一代精神足垂於後，此聖祖（按即明太祖）之所以不盡廢也」（頁224）。

36 顧頡剛、王鐘麒《中國史讀本》說，「元朝起於漠北，風氣質直，不嫌鄙俚」，白話的勢力，在前此朝代的基礎上，「更進一步」（頁174）。

點：一個王朝將其部分肌理留在了另一個王朝的肌體中。

《劍橋中國明代史》說，當朱元璋在南京自稱吳王，改組其政府時，官銜、官階「一切採用元朝行政的現行形式」（中譯本，第一章，頁61）。他不能想像一套不同的機構，更無論制度；更可能的是，也並不認為有必要與外族支配的政權斷然切割、嚴格區分他對於元朝，的確更是順承而非逆取。《國史大綱》說元朝為明、清所因襲者，科舉以「四書」義取士外，尚有行省制，「此二制度影響明、清兩代六百年之歷史」（第七編第三十五章，頁660）。[37]元朝1342年起就曾在江浙行省實行均平賦役的措施，只不過這一措施到明清被大大推廣且更為有效地實施了。明初選拔任用官員不避吏員出身，不消說也承自前代。孟森曾斷言「元無制度」（《明清史講義》第二編第一章，頁14），即兵制亦不經久（同上，頁16）。看來問題還在對「制度」的理解。

制度之外，承之於元的，呂思勉以為有畜奴的風氣，說明朝士大夫居鄉橫暴，「大約仍是元代遺風」（《中國簡史》第三編第四十七章，頁288）。《國史大綱》所說元代的「多立防禁」，[38]也一定將其「後果」留在了此後的世代中。蕭啟慶猜測元代「粗暴的政治文化」為明朝所繼承；「明代政治的殘暴化」「可能受到蒙元統治的直接影響」（《蒙元支配對中國歷史文化的影響》，《內北國而外中國：蒙元史研究》，頁44）。由下文將要引到的文字看，明初士人未必這樣認為，他們倒是由切身的體驗，以為故元對於士人尚比較仁慈。

---

37 李思純的《元史學》提到了我們的「省界思想」、「行省區域」，來自元人的行省制度，元代「以中樞大臣而兼轄行省，實明清兩代督撫制度之權輿」（頁4）。

38 「禁漢人田獵」，「禁漢人習武藝」，「禁漢人持兵器」，「禁集眾祠禱，集眾買賣」，「禁夜行」（該書第七編第三十五章，頁649）。顧炎武《日知錄之餘》卷二所列諸禁，頗有與元代有關者。

關於元代在此後朝代的遺留，以上涉及的，或許不過是一些易於考見的方面。元代如何「活在」其後的朝代中，以何種形態「活在」，還有可能在更寬廣的範圍內考察。洪武元年明太祖說，蒙元「悉以胡俗變易中國之制……無複中國衣冠之舊。甚者易其姓氏為胡名，習胡語，俗化既久，恬不知怪」，「命複衣冠如唐制。……其辮髮椎髻，胡服、胡語、胡姓，一切禁止」（《明實錄・明太祖實錄》卷三，頁525）；四年「定官民揖拜禮，毋胡習」（《國榷》卷四，頁459），五年五月的詔書中卻仍然有「鄉市里閭，尚染元俗」云云（同書卷五，頁468），則故元遺俗，並不那麼容易抹拭乾淨。[39] 那段歷史的痕跡固然留在了制度中，留在了文學藝術、知識體系中，也一定留在了廣闊的社會生活中，只不過其影響因了彌散而難以搜尋罷了。

陳垣說明人「蔽於戰勝餘威」，視元代的文化成就如無物，「加以種族之見，橫亙胸中，有時雜以嘲戲」（《元西域人華化考》卷八，頁132），即以王夫之為例。蕭啟慶更指出，「明太祖所推行的實際上是一種『內中華而外夷狄』的大漢族主義之民族政策，對當時滯留中原的蒙古、色目人而言，其震撼之大，恐有過於同盟會反滿革命對滿洲人所產生之影響」（《元明之際的蒙古色目遺民》，《內北國而外中國：蒙元史研究》，頁163），想必有充分的依據。國外學者卻發現，明代中國的生活基調並沒有強烈的排外情緒。「令人驚奇的是，儘管對蒙古勢力懷有憂慮，洪武朝廷還是允許一些蒙古人在中國留居」（《劍橋中國明代史》中譯本，下卷第四章，頁198）。「雖然蒙古文

---

39 活在元代的鄭思肖曾歎息世人「欣欣從北俗，往往棄南冠」（《四礪二首（其二）》，《中興集》二卷，《鄭思肖集》，頁74）。其《十五礪二首（其二）》有「南貨北填市，北人南住家」句（同上，頁86）。《大義略敘》說在蒙元治下，「人心物性，俱流邁反」，「今南人衣服、飲食、性情、舉止、氣象、言語、節奏，與之俱化，唯恐有一毫不相似」（同書頁188）。還說：「今人深中韃毒，匝身浹髓，換骨革心」（同上，頁185、190）。

化影響不受重視，蒙古人居留中國卻並不受到歧視與迫害，而且還繼續對政治與社會生活作出貢獻」（牟複禮《元末明初時期南京的變遷》，施堅雅主編《中華帝國晚期的城市》中譯本，頁 162-163）。

留在了此後的朝代中的自然更有人物。錢穆《國史大綱》說：「惟元代政治，雖學術的氣味極薄，而社會上則書院遍立，學術風氣仍能繼續南宋以來，不致中輟。明祖崛起，草野績學之士，乃聞風而興，拔茅匯征，群集新朝，各展所蘊，以開有明一代之規模。如劉基、宋濂、章溢、陶安、錢用壬、詹同、崔亮、劉三吾等彬彬文雅，郁乎其盛，一時何止數十百人，皆元代之所貽也。」（同上，頁661）本節開頭所引徐申語，說「大抵開創之始所引用者皆勝國之人，所習見者皆勝國之事，故一時紓畫厝注多相沿襲」。有此人物才有此設施，有此氣象據此而認為「元亡而實未始亡」，豈非大有根據？以勝國之人據勝國之事而為「紓畫厝注」，明清之際何獨不然！魏斐德《洪業清朝開國史》關於人事的統計、分析，令你想到明清兩個朝代經由任職的官員實現的「銜接」（參看該書中譯本，頁 418-420）。這種人事上的銜接，激烈對抗的關頭就在進行著，亦易代之際的一種戲劇性。降官降將的服務於敵對方，不能不或多或少地改變著對抗雙方的面貌，使對抗中包含了纏繞；而反復無常者的出入於敵對兩方，亦增加了政治格局的曖昧性。近代之前，緣制度、設施、人才等等的朝代間的參錯交接，不能不是宿命。

知識人的元代記憶與想像

關於元明之際，我所關心的更是漢族士大夫經驗中的元代，他們記憶中、言說中的元代，他們如何感受異族統治下的生存，他們對於明、元朝代更迭的反應及背後的邏輯。明人，尤其清初的明遺民回看

元人、元代士大夫，與元人的經驗、感受，其間不僅有時間差，更有歷史情境的差異。面對明清易代這一大變局的士大夫，與處所謂「夷狄之世」（元代）的士大夫，對於「夷狄」的態度，其間的差異，很可玩味。

陶宗儀的《南村輟耕錄》一再寫到虞集。該書卷一四《風入松》記柯九思文宗朝為奎章閣鑒書博士，時居吳下，虞在館閣，賦《風入松》寄柯，一時爭相傳刻，遍滿海內可資考仕元而邀得恩寵、位居清華者的心態、狀態。「畫堂紅袖倚清酣，華髮不勝簪。幾回晚直金鑾殿，東風軟，花裡停驂。書詔許傳宮燭，香羅初剪朝衫。禦溝冰泮水挼藍，燕飛又呢喃。重重簾幕寒猶在，憑誰寄，錦字泥緘。報導先生歸也，杏花春雨江南。」（頁172）[40]陳垣早年寫過一篇《說滿漢之界》，談到清代的一種怪現狀，即「漢官不獨愛戴皇上而已，並有視皇上如漢晉唐宋之君，不以為滿人而以為與漢人有特切關係焉」（《陳垣早年文集》，頁31）。元代士夫何嘗不然！

上文已經說到，也如其他王朝，元代當覆亡之際，有自己的悲劇英雄。據錢謙益的《國初群雄事略》，擴廓的養父察罕帖木兒死，「朝廷公卿及四方之人，不問男女老幼，無不慟哭者」；「中原婦人皆為嗟歎流涕」（頁35）。見諸記述的忠元之士，察罕父子外大有其人。《明史》即說「當元亡時，守土臣仗節死者甚眾」（卷一二四）。「懷慶路守將周全叛附於劉福通。……福通遣全攻洛陽，守將登城，以大義責全。全愧謝退兵，福通殺之」（《元史紀事本末》，頁195）。此「大義」（君／臣）固非彼「大義」（夷／夏）。元右丞余闕守安慶，城陷自刎，妻妾子女均赴井死，「居民誓不從賊，焚死者以千計」（同書，

頁 210）忠臣義民的故事與其他朝代一般無二。吳元年十月，太祖表彰余闕，說餘氏「守安慶，屹然當南北之沖，援絕力窮，舉家皆死，節義凜然」（《明實錄》附錄五《皇明寶訓‧明太祖寶訓》卷四，頁249），被清儒魏裔介用來證明褒揚明忠臣的必要性（參看魏裔介《魏文毅公奏議》卷一《請褒錄幽忠疏》，畿輔叢書）。近人韓儒林主編的《元朝史》將朱元璋表彰余闕等人，斷為「反元鬥爭不堅定」（下冊，頁 151），實則朱氏不過搬演故事而已，也是在預先為大明王朝作「意識形態建設」。[41]

趙翼《廿二史劄記》卷三有「元季風雅相尚」條，又有「元末殉難多進士」條，似乎覺得有關的現象不合常理，不大可能由元代本身取得解釋。全祖望的推測是「宋人之流風善俗曆五世而未斬」，不免牽強。[42]處元明之交的陶宗儀，徑直將元末忠義之盛歸結於蒙元「深仁厚澤」之「涵養」（《南村輟耕錄》卷一四《忠烈》，頁 170）。至少該陶氏像是沒有清末民初知識人那種以為滿人「非我族類」，清政權屬外來、非即我「國」的思路。

---

41 王夫之指摘余闕、王逢，辭氣嚴厲，說余闕為元死，系「不知命」；王逢拒絕仕明，乃「不知義」（《詩廣傳》卷一《論漢廣》，《船山全書》第3冊，頁306）。清人不以為然於明人對余闕持論之苛，說洪垣所撰《覺山史說》斥余闕不當仕元，「紕繆至極」，「無論闕本色目人，實非南宋遺民……即使闕之祖、父果為南宋遺民，而是時元混一天下，已屆百年，踐土食毛，久為黎庶」，責闕「為宋守故臣之節」，大悖於理（《四庫全書總目提要》史部史評類存目）。

42 全氏說：「古來喪亂，人才之盛，莫如季宋。不必有軍師國邑之人，即以下僚韋布，皆能礪不仕二姓之節，然此則宋人三百年來尊賢養士之報也。元之立國甚淺，崇儒之政無聞，而其亡也，一行傳中人物，累累相望，是豈元之有以致之，抑亦宋人之流風善俗，曆五世而未斬，於以為天地扶元氣歟？」（《鮚埼亭集》外編卷一八《九靈先生山房記》，頁704）虞集卻說，「宋之亡，守藩方擐甲胄而死國難者，百不一二」，近人陳高華以為「決非誇大之詞」（《元史研究新論‧趙孟頫的仕途生涯》，頁204。所引虞集語出虞氏《陳炤小傳》，《道園學古錄》卷四四）。

　　《劍橋中國遼西夏金元史》的撰寫者以為，「元末起義的一個特點就是儒士們一般都在政府徒勞地鎮壓各派起義中與政府站在一邊」（中譯本，頁757）。1355年以後，元朝中央政府已不能有效地進行統治，「但即使在朝廷已不再直接管理的那些地區，元朝還是被看做是正統的，還是人們效忠的中心」（同書，頁655）。更有待於解釋的是，即使在大明定鼎之後，甚至某些「從龍」之士，對於曾經效忠過的元王朝，依舊懷了一份複雜的感情。劉基不過是一個顯著的例子而已。[43]

　　明初葉子奇撰《草木子》，有蒙元「內北國而外中國，內北人而外南人」，「王澤之施，少及於南；滲漉之恩，悉歸於北」（卷三上，頁55）云云，往往為治元史者引用；同一《草木子》，對業已成「故」的元代，卻正有一些出人意表的正面評價。比如說元朝「起自漠北，風俗渾厚質樸」，對於名氏之諱，「不甚以為意」（卷三下，頁59）；謚法亦從簡，「可以為法」（頁59-60）；葬制簡單質樸，「誠曠古所無之典」（頁60），文字間充滿了驚歎。同書還說世祖朝「車駕雖每歲往來於兩都間，他無巡狩之事；山嶽河海，惟遣使致祭，別無封禪繁縟之禮，欲以震耀古今」（卷三下，頁64）。凡此，均屬於漢族士大夫比較而體會到的異族治下的好處。《日知錄》卷二九《外國風俗》說「外國之能勝於中國者，惟其簡易而已」（《日知錄集釋》，頁688），說的正是「匈奴」。由《草木子》看，「簡易」不止宜於軍事，且漢族士大夫未必不樂此簡易。該書說韃靼，「其性至實，無一毫之偽，而上天以宇宙畀之，而不畀之他部族，其故何哉？豈不以其極誠而無妄也？」接下來甚至說，「極誠而無妄，聖賢傳心之學也」（卷四

43　錢謙益是善於讀劉基者，其《太祖實錄辨證二》、《跋王原吉梧溪集》、《列朝詩集・甲前集》劉基小傳寫劉基，分寸拿捏得恰到好處。錢氏好用曲筆，文字富於暗示，正宜用來寫元明之際士人的處境。

下，頁 83）。在作者，上述感想，也應當由親接其人而來。元季名儒許有壬就曾讚歎蒙古人的古樸，說「我朝肇造，渾厚真淳之氣，粹然古初⋯⋯」（轉引自蕭啟慶《論元代蒙古人之漢化》，《內北國而外中國：蒙元史研究》，頁 687）儘管史學家認為，空間距離的密邇，未能激發漢族士大夫本對於異民族的好奇心，上面所引的文字卻包含了富於深度的文化比較。[44]

《草木子》還說：「元朝自世祖混一之後，天下治平者六七十年，輕刑薄賦，兵革罕用，生者有養，死者有葬，行旅萬里，宿泊如家，誠所謂盛也夫。」（卷三上，頁 47）「生者有養，死者有葬，行旅萬里，宿泊如家」，即使不能稱盛世，也足稱治世了。同書另一處關於「輕刑」，則說「七八十年之中，老稚不曾睹斬戮，及見一死人頭，輒相驚駭。可謂勝殘去殺，黎元在海涵春育之中矣」（卷三下，頁 64）。這卻應當是經歷了元明之際的戰亂，及明初太祖的肆行屠戮之後的感慨。《草木子》的作者由明初之世回望元代，顯然將明朝初政作為了對比，將太祖的嗜殺、濫殺作為了對比。[45]你不免想知道，元朝對於《草木子》的作者意味著什麼。王夫之說仕乃士之道，以仕為第一義，《草木子》的作者顯然不這樣認為。較之更為切身的生存問題，仕進就顯得不那麼重要了。在一個如明初這樣嚴酷的生存環境中，才會有上引文字那樣的記憶與追述。記憶總難免於因時的變化。切近的記憶有可能掩蔽、覆蓋了較早的記憶；痛感會鈍化，非「切膚」的痛會被遺忘。蒙古騎兵的鐵蹄已是遙遠的往事，被明初士人用

---

[44] 倒是近人，可能有更強固的文化偏見。李思純《元史學》一書就隨處可見這種偏見的表達，如曰「蒙古人者，無文化之民族」（頁3），曰「遊牧人種之蠻力」（頁21），曰「遊牧野族」（頁24），說「蒙古崛起，為無文化之國家」（頁157），說「蒙古本為頑固不易同化之人種」（同頁），「蒙古部族，文化幼稚」（頁175），等等。

[45] 該書也寫到元的種種弊政，如元末的官貪吏汙（卷四上，頁74；卷四下，頁82），如南人仕進之難（卷三上，頁49-50）。

以對照的，有可能是末世的弱勢朝廷（元），與新起的強勢政治（明）。

我曾一再引過蘇伯衡的論元、明兩代人主之待士，那說法是：「勝國（按即元朝）之於諸生也，取之難、進之難、用之難者，無他，不貴之也。不貴之，以故困折之也。皇朝（按即明朝）之於諸生也，取之易、進之易、用之易者，無他，貴之也。貴之，以故假借之也。夫困折之，則其求之也不全，而責之也不備。假借之，則其求之也必全，而責之也必備。」（《蘇平仲文集》卷六《送樓生用章赴國學序》，四部叢刊初編集部）明太祖也未必不承認這一點。洪武三年詔，就有「前元待士甚優」云云（《明史・選舉志》）。在葉子奇、蘇伯衡，上述歷史記憶不能不緊張化了他們與明初政治的關係。

但如若真的如上文所說元代的一些士人以生存為第一義，以夷夏大防、「《春秋》大義」為第二義，顯然遠於理想的士的型範。理想的士應當超越一己的生存境遇，而將對某種理念的維護作為使命。元末明初相當多的士大夫並不如是。他們不那麼「理想」。比較之下，明遺民中如王夫之者，卻有對其處境與理論立場的清晰認知與表述，從而以其自覺與思想的徹底性，與一般的士夫區分開來。王夫之的夷夏論固然基於明清對抗，卻也在重申其人所認為的儒學基本命題，以圖「坊」、障既倒之狂瀾。他說的是「天地既命我為人，寸心未死，亦必於饑不可得而食、寒不可得而衣者留吾意焉」（《俟解》，《船山全書》第 12 冊，頁 488）。

據錢穆《國史大綱》，元代社會上的上層階級，大體言之，有皇室、貴族、軍人、地主，包括漢族地主，尤其江南的地主（第七編第三十五章，頁 657）。[46]更有元史專家論證了漢族士大夫、包括江南的

---

46 該書說：「凡皇室以下皆地主也。惟漢人、南人亦有為大地主者，由其前承襲而來，而以非法手段保持之。此尤以江南為多。」（頁657）

士大夫在元代的境遇，並不如我們通常想像的那樣不堪（參看蕭啟慶《元代的儒戶：儒士地位演進史上的一章》，收入氏著《內北國而外中國：蒙元史研究》）。錢穆還說，元代稅收制度務於聚斂（同書第七編第三十五章，頁 643-644）。不難想像，正因了政治設施「粗疏」、「樸野」，剝削、掠奪也就任情恣意，豪奪民田，掠民為奴，高利盤剝，攬奪行市，無所不為，無所不敢為（參看蒙思明《元代社會階級制度》，頁 126-129）。嘉、隆間的李開先卻說元代「賦稅輕而衣食足」（《西野春遊詞序》，《明代文論選》，頁 144）。可以相信的是，不同等級的士大夫間固然經驗不同，細民處此世道，與士大夫的經驗也必有不同。

到了明末，徐光啟議漕運，竟以為「今東南物力，方諸勝國（即元代），百分之一耳」（《漕河議》，《徐光啟集》卷一，頁 21）。徐氏精於算學且政治議論一向平實，未知這裡的「百分之一」，乃何所據而云然。同文還說當時的目標應當在使「國家享元初之饒，而永無元末之害」。錢謙益《開國群雄事略序》徑說「天命不僭，夷狄有君」，「有元非暴虐之世，庚申非亡國之君」（《牧齋初學集》卷二八，頁 846）。江右的林時益也說：「元人入中國，善政乃百年。至今心史出，始悉異所傳。」（《榖中九九詩》，《朱中尉詩集》卷一）似乎直到明末鄭思肖的所謂「鐵函心史」出井之前，士大夫關於元代的基本印象，是其百年「善政」。

關於元代，近人的敘述，演變之跡顯而易見。錢穆《國史大綱》說元代之「政治情態」「第一最著者，為其政治上之顯分階級，一切地位不平等」，具體即見於「四階級」（第七編第三十五章，頁 638）。有關元代的歷史知識中，此項最廣為人知，似乎已成元代之為元代的標記。蒙思明的《元代社會階級制度》則力圖寫出「日趨混合而後元代社會階級之實況」（頁 116）。由作於1962年的新版自序看，該書雖

題為「元代社會階級制度」，為了應對「階級鬥爭」／「民族鬥爭」的難題，自創了「種族階級」、「經濟階級」的概念，不免混淆了「階級」與「等級」（頁2），卻仍然令人感到了探索「正確」表述的艱苦努力。應當承認，蒙氏自創的概念用於清理「階級」、「民族」纏繞、性質不甚分明的歷史現象，多少是有效的。[47]韓儒林主編的《元朝史》，《前言》中說：「元朝的皇帝是蒙古人。當中原的皇帝寶座上坐著一個少數民族皇帝時，有些人就不加調查研究，一口咬定說這是黑暗的時代。這是不科學的。」（頁4）兼顧民族、階級，該書說「元朝政權，是十足的蒙漢地主聯合政權」（《前言》，頁6）；認為「所謂『貧極江南，富稱塞北』，雖是元末農民軍鼓動起義的宣傳口號，其實貧富之別不在南北，與所屬民族亦無關」（同上，頁10）。陳生璽據其1954年的課堂筆記，記鄭天挺在南開大學講授專題課，關於元代種族壓迫的特點有如下分析：「元代把人分為四等只限於政治，而不限於經濟。經濟上的不平等有些是由政治而來，但不是由種族而來。」（陳生璽《明清易代史獨見》附錄一《「仰之彌高，鑽之彌堅」》，頁314。鄭氏的具體講述，見該書頁313-314）[48]

---

47 該書以為元代的「政治實權」並不操之於蒙古人，因「文移、刑名、書署、議政，皆握諸漢人、南人之手」（頁79）。該書說，因了「元代政治之粗疏簡漏，樸野放任」，「未能深入於民間」（頁140），漢人、南人之地主富商獲得了「極度發展之良好機遇」（頁84、140），「駸駸然有挾其優越之經濟力以根本破壞種族階級制而使之同化於固有之經濟階級制之勢」（頁84）。而蒙古、色目也有為人奴者，「蒙人之被賣為奴婢者，不僅在漢人、南人治下服賤役也，甚至淪為漢、南商人之市場貨品，而被販賣至海外諸番焉」（頁97）。蕭啟慶批評蒙氏所謂的「種族階級」，前此他本人《元代的儒戶：儒士地位演進史上的一章》也曾使用「種族階級制度」、「種姓制度」的說法（《內北國而外中國：蒙元史研究》，頁399、400）。他的《內北國而外中國：元朝的族群政策與族群關係》一文用的是「族群等級制」，說元廷在政治方面採用「政策等級制」，「各族群所受待遇具有結構性的不平等」（《內北國而外中國：蒙元史研究》，頁466、465）也可見出尋求準確表述的努力。

48 朱元璋對於元代弊政，一再強調的，是「汙壞彝倫，綱常失序」（洪武三年三月，

　　邵廷采《明遺民所知傳》說到元朝對於宋遺民的寬容,「如故相馬廷鸞等,悠游岩谷竟十餘年,無強之出者。其強之出而終死,謝枋得而外,未之有聞也」(《思複堂文集》卷三,頁 211-212)。陳高華也說,元朝政府對被薦者是否應聘,並未採取強迫的做法。被薦者固辭不出,仍可優遊鄉間;到了大都,要求回家,也得到允許,如吳澄、王泰來。據此認為「元朝政府對待前朝『遺士』的態度,比起此後的明、清兩代來,要寬大得多」(《元史研究新論・趙孟╱的仕途生涯》,頁 208-209)。蒙氏《元代社會階級制度》新版自序中說,「由於元代統治的粗疏,特別是在意識形態方面的控制沒有過去那樣的嚴格,人們有機會擺脫舊意識形態的某些束縛」(頁 12)。蕭啟慶則認為,「士人在元朝所受待遇並非如過去學者所說之惡劣」,「當時流傳的『九儒十丐』的說法,並不反映實情」(《蒙元支配對中國歷史文化的影響》,《內北國而外中國:蒙元史研究》,頁 47)。我們的歷史知識卻往往失之籠統,不免於模糊影響,人云亦云。

　　我注意到國外學者的晚元想像。《劍橋中國遼西夏金元史》關於元亡前夜的敘述就出人意表。由該書看來,元代末年的政治氣象似乎大異於明末,即使到了覆亡前夜,元朝中央政府的圈子裡仍然存在著「一股堅定的信念」:「危機是能夠解決的,只要從上層下達命令,一夜之間就可以重建一個世界」(中譯本,頁 658);

　　最高當局銳意改革,勵精圖治,當權的人物「個個精力旺盛,有眼光,有能力,不氣餒,也不倒退」(同上,頁 655)。對於朝代更

《明實錄・明太祖實錄》卷五〇,頁987);指摘該朝破壞等差秩序,「閭里之民,服食居處,與公卿無異,而奴僕賤隸,往往肆侈於鄉曲,貴賤無等,僭禮敗度」,以此為「元之失政」(洪武三年八月,同書卷五五,頁1076)。也可證元代固然有其等級劃分,卻也使漢民族地區原有的身份等級制度發生了鬆動。

迭，我們習慣了的解釋，通常是那個社會內部已經腐爛，危機重重包括人才危機。那本書卻試圖告訴你，元代即使到了崩解之際，也仍然有一批性格剛毅意志堅定的人物，力圖挽狂瀾於既倒；元末人物並不／茸猥瑣，不但偉岸，且氣象光明。對於元的覆亡，該書強調的是「反抗者們」的意志，而不是元朝的「內部原因」，將其覆滅歸結為「氣數已盡」。「1368 年，元朝是被一個意識上極端、道德上激進的革命運動趕出中國的。……元朝的最終倒臺是因為明朝的開創者決意要它如此」（頁 670）。「如果沒有如此大規模且反復爆發的自然災害，元朝有可能比它實際存在的時間要長得多」（同上）。這也應當是一種據「印象」的判斷，或有意校正一種成見。你可以質疑這種假設，但這畢竟是一種與我們熟悉的敘述不同的敘述，那種敘述為了論證「必然」，通常將王朝自身作為其滅亡的首要原因凡末世總該有末世相，起而代之者不過結束了一段本就該結束的歷史。[49]

該書認為，「元代有意無意施加的各種壓力」，不但沒有「使中國在其早已確立的社會發展軌道上轉向」，而且「導致了對非正常條件的許多有益的反應，儘管人們還沒有充分意識到這一點」（頁 734）。所謂「有益的反應」，據說包括了如下方面：由於士大夫「並沒有被拉到脫離下層的政府高位上，所以他們能與為數更多的地位相近的集團密切相處，與社會的聯繫更為緊密」，即如與佛教寺院的關係；因為被迫教私塾，「捲入了那些就學者的普通家庭的生活」；至於他們被

---

[49] 據說14世紀是自然災害高發的時期，「在各個蒙古汗國內外，從歐亞大陸一端的冰島和英國，到另一端的日本，各國都苦於瘟疫、饑荒、農業減產、人口下降以及社會動亂，幾乎沒有一個社會能免遭其中的某些災害」（《劍橋中國遼西夏金元史》中譯本，頁669-670）。該書說，在巨大的非人力所能抗拒的自然災害面前，「元末的各屆政府都盡了最大努力試圖從這些災害中解脫出來」，「元朝在醫藥和食物的賑濟上所作的努力都是認真負責的、富有經驗的」；「在這種情況下，沒有哪一個朝代能比元朝做得更好」。（頁670）

迫擔任卑微的書吏,則有機會由與社會上層分子不同的角度觀察政府(頁730),諸如此類。這些無疑更出於推測,即使是具有啟發性的推測。卻也應當說,所有這些「有益的反應」都有其代價,甚至代價高昂。儘管如此,上述線索,或許多少可以解釋元明之際的人才狀況,士人的多種取向及其根據,還原那個塑造了「明初人物」的社會歷史環境。

最為明代直至近代的知識人稱道的,仍然是元代因民族間交流的空前擴大與民族間的融合,而造成的前所未有的氣象,即趙孟/所謂「一時人物從天降,萬里車書自古無」(《欽頌世祖皇帝聖德詩》,《松雪齋集》卷四)。陳垣《元西域人華化考》引王德淵說薛超吾(昂夫),「其氏族為回鶻人,其名為蒙古人,其字為漢人」(卷四,頁61)。此種現象,豈是其他朝代能想像的!陳氏該書引王禮《麟原集》卷六《義塚記》,說元代「混一之盛」而「無此疆彼界」,「適千里者,如在戶庭,之萬里者,如出鄰家」,「一視同仁,未有盛於今日也」(卷六,頁115),儘管不可全然據信,是否也可以由此推想處元之世士大夫的空間感、地域感與此前此後朝代之不同?[50]由陳垣徵引的材料,你一再讀出了那個時代漢族士大夫面對異族優秀人物時的驚奇與讚歎。關於回族人高克恭,該書引柯九思《題秋山暮靄圖》「三代以來推盛世,九州之外有斯人」(卷五,頁97),非但不視為異類,且正有遭遇奇人的興奮。家鉉翁為宋末元初人。陳氏說其人「留元十餘年,得睹元初人物氣象,與宋季之偏激狹隘,迥然不同」(頁136)。[51]這

---

50 關於元人空間、地域意識中的「西北」,參看陳垣《元西域人華化考》卷八頁134、135所引危素、幹文傳、戴良等人文字。這種空間感,與地域有關的經驗,確也僅屬於有元一代。

51 陳氏該書引家鉉翁題元好問《中州集》後(文見《元文類》八三),曰:「世之治也,三光五嶽之氣,鐘而為一代人物。其生乎中原,奮乎齊魯、汴洛之間者,固中州人物也;亦有生於四方,奮於遐外,而道學文章為世所崇,功化德業被於海內,

種胸懷與眼界，對於打破狹隘的「中原心態」，其作用不可低估。

關於元代詩文，劉基說：「元承宋統，子孫相傳，僅逾百載，而有劉、許、姚、吳、虞、黃、範、揭之儔，有詩有文，皆可垂後者，由其土宇之最廣也。」（《蘇平仲文集序》，《誠意伯文集》卷一五《犁眉公集》上，頁365。劉，劉因；許，許衡；姚，姚樞；吳，吳澄；虞，虞集；黃，黃溍；范，範梈；揭，揭傒斯）詩文成就竟被發現了與「土宇」廣狹的關係！該序寫在明初，文字間正有對有元一代人物的自豪。關於元修遼、金、宋三史，近人邱樹森說，「一部二十四史中，是找不出哪一部史有這麼多的少數民族史家參加修史的」（《妥懽貼睦爾傳》第四章，頁87）。此種盛況，即近代也難以再現的吧。

有元一代語文現象之豐富，也像是前所未有。仍然是陳垣的《元西域人華化考》，說，元代文字「雖以蒙古新字為主，而不甚通行，有所頒佈，須各以其國字為副。大抵漢字用於中國本部，畏吾兒字用於蔥嶺以東，亦思替非文字用於蔥嶺以西諸國」（卷五，頁96）豈非一種特殊景觀？陳氏該書彙集了大量的語文層面民族間交流、共用、融合的實例。情況似乎是，儘管存在著雙向的運動，卻仍然以漢民族

雖謂之中州人物可也。故壤地有南北，人物無南北，道統文脈無南北，雖在萬裡外，皆中州也。」稱許元好問的胸懷，說元氏「生於中原，而視九州四海之人猶吾同國之人，胸懷卓犖，過人遠甚」，若元氏者，「可謂天下士矣」（同書同卷，頁135-136、136）。元楊瑀的《山居新語》中也有對其時異族人物的激賞。該書稱道其知交蒙古人帖木兒不花（漢名劉正卿）「廉直寡交，家貧至孝」（頁212）；說畏吾人沙剌班乃「厚德君子」（頁222-223），近侍世傑班為「厚德人」（頁212），揭傒斯「長厚老成」（頁225），唐兀人伯顏（字謙齋）「正心不昧」（頁231）；記阿憐帖木兒等人的大度（頁237），尤令人印象深刻。陶宗儀《南村輟耕錄》記蒙人、西域人，也無異己之感。稱道回族醫術之精，相信「西域多奇術」（卷二二《西域奇術》，頁274）；狀寫西域人出身的「河南王」卜憐吉歹的氣象度量，不無傾倒（卷一五《河南王》，頁185）。卻也有譏嘲關於其人的相貌、服飾、語言（如同書卷二八《嘲回回》）。

以外的民族運用漢語思考與寫作這一趨向更為強大。漢語寫作在這一異族為主要統治者的時代非但未被削弱，反而因吸納了異民族的資源而造成了一片前所未有的獨特風景。考察元代士大夫異於前後世代的表述方式，文學研究者或許有其特殊的便利。

宋元—明清之際

關於後金（清的前身）與元朝的關係，《洪業清朝開國史》有如下一段文字：「1634-1635 年間（按即天聰八年到天聰九年），後金征討察哈爾部的勝利，還有一項始料未及的收穫，即奪取了元朝的傳國玉璽。這意味著皇太極可以自稱為成吉思汗及元朝皇帝的繼承者了。」（中譯本，頁 177）倘若皇太極真的以「成吉思汗及元朝皇帝的繼承者」自居，上述事件自然充滿了暗示。與此相應，他的對手明人則往往自擬於宋，將與後金的對抗，比之於宋與金、元間的對抗。魏氏同書說，清軍圍攻大淩河時，皇太極曾表示希望與明朝議和，「而明朝大臣卻將議和錯誤地比作南宋的綏靖政策」，以致皇太極要作如下解釋：「然爾明主，非宋之裔，朕亦非金之後，彼一時也，此一時也。」（頁 178-179）後金天聰十年（崇禎九年）改國號為清，可為皇太極的說法佐證；明朝一方卻像是被那隱喻牢牢地控制了，以致在戰／和、剿／撫的抉擇關頭，一再受到來自另一個朝代的提示。既往的歷史就這樣干預（也干擾）了當此特殊關頭的決策，以如此戲劇性的方式介入了現時的政治過程。

我曾一再說到明人好論宋，對宋史、尤其宋覆亡的一段歷史爛熟於心。他們關於宋的論述，也就以種種隱蔽或顯然的方式，「進入」了明清之際的歷史。顧炎武就說過「今代所循，大抵皆宋之餘弊」（《日知錄集釋》卷九《隋以後刺史》，頁 210）。關於宗室政策，說

「有明之事，與宋一轍」（同卷《宗室》，頁218）。《藩鎮》條則說，「明代之患，大略與宋同。」（同卷，頁220）明亡過程中，宋朝猶之幽靈，始終徘徊不去，士人則隨時在已有的劇情中選擇、辨識自己的角色文天祥、王炎午、汪元量、謝翱、鄭思肖，等等，也因有關的記述幾乎窮盡了特定歷史情境中可供選擇的諸種可能性。《洪業清朝開國史》中說，崇禎在聽取李自成的使者說明交換條件時，考慮到「現在的讓步，在將來的正統史家眼中，會永遠成為他曾『偏安』的證明」（中譯本，頁232），當然是史家的猜測，卻未必不是實情。意識到「在將來的正統史家眼中」如何如何已被書寫的「歷史」當此關頭竟如上帝一般地臨汝，不由你不凜凜然生畏。

　　至於清人的暗中以元人自擬，可以李紱為例。李氏的《吳文正公從祀論》為吳澄仕元辯護，駁明嘉靖朝張璁引謝鐸語，以為吳澄不宜從祀孔廟，說吳在宋朝不曾做官，「不得責以夷齊之節」，何況天下歸元已久，「率土皆臣」。《春秋傳》所謂『內諸夏而外四裔』者，謂居中撫外，不得不有親疏遠邇之殊。若既為中國之共主，即中國矣。舜，東夷之人；文王，西夷之人。得志行乎中國，不聞以此貶聖。」（《李穆堂全集》卷二四）不但辯護了清統治的合法性，也辯護了其自身在大清治下的生存。[52]

　　關於朝代間的糾纏之為宿命，另有曖昧的想像。如以為妥懽帖睦爾（元順帝，亦所謂「庚申君」）乃「趙氏之子」，即趙宋王朝皇室後裔，將趙宋、胡元間的關係神秘化，以證「數」由前定。由萬斯同所輯《庚申君遺事》看，明代士人包括何喬新、鄭曉、談遷這樣的知名

---

52 黃進興《優入聖域：權力、信仰與正當性》七《清初政權意識形態之探究：政治化的道統觀》，談到李紱「借著闡釋歷史事例，來暗示『明清之際』政權轉移的微妙關係。李紱認為殷之亡，實咎由自取。武王伐紂，志願不在滅商。借此，李紱將『殷周之際』作為『明清之際』的張本，與清人官方的解釋頗為契合。」（頁108）

之士樂道元順帝的所謂「身世之謎」，對於那則破綻百出的傳聞，甚至萬氏也寧信其真。被萬氏輯入《庚申君遺事》的袁忠徹（按袁為永樂間人）的文字，以元順帝的幽禁文宗後、殺其太子，為「天使宋之遺孽滅元之報復」。萬斯同則據傳聞中的順帝血緣，歸結為「趙氏之複有天下」（《書庚申君遺事後》），說「元之混一天下止八十九年，而順帝乃反得三十六年，天之所以報趙氏者豈不厚哉」（《再書庚申君遺事後》），見識之卑陋無異於常人。王源為該書所作序，邏輯更其曲折微妙。那序文發揮程敏政《宋遺民錄序》一文的「報施」說，將宋的滅於元及「庚申君之事」，歸原於宋對於周的篡逆不道，與元滅宋過程中的暴虐冤冤相報，宋與元各得了報應。

對秘聞（尤其宮闈秘聞）的熱衷，一向為草民與士夫所共有；而血統、血緣，又為「傳統社會」高度關注。皇族血緣、血統，尤其被認為王朝命脈所系。由近人看來，傳播此種無稽之談，多少出自對於夷狄的「精神勝利」，可以用作分析某種社會心理的標本。萬斯同於清初輯「庚申君遺事」，卻不像是有何種深意，或許不過證明了人們對於秘聞、對於「歷史」的神秘面的持久不衰的興趣而已。陳垣早年史論，由「種族」起見，對所謂元順帝「卒嗣大統，陰易元祚，世主沙漠」云云並無異議，卻強調其後世「子孫不得謂為漢人」，因其「語言文字姓氏國土及所享之政治，已與漢人異者久也」（《種族之界說》，《陳垣早年文集》，頁 110。按「卒嗣大統，陰易元祚，世主沙漠」，為羅倫《大忠祠碑記》中語）。由「語言文字姓氏國土及所享之政治」辨認民族身份，自然已是近人的見識。

作為隱蔽的言說策略，明亡前後，士人自擬於宋而擬清於元，也就據元而推測正在展開的清，比如預測其「國祚」，推測華夏文明，及其負載者（包括自身）的命運；也或明或暗地以士大夫之處元為參

照，選擇自己處清的方式，以及適於擔任的角色。[53]豐富的「歷史素材」參與了當事各方於這一歷史關頭的選擇；既往的歷史絕不止在作為「言論」的層面上，而是經由當事者付之於行動的演繹，成為明末「當代史」的構成部分。僅由文字看，那一時期的歷史生活中似乎充斥了各色各樣的暗示，士大夫的想像空間中遊蕩著諸種歷史的幽靈。[54]

　　關於元的取代宋，《劍橋中國遼西夏金元史》說：「這種外族征服對漢人來說，特別是對那些最瞭解這一點的士大夫來說，具有矛盾的意味。一方面，中國獲得了 10 世紀以來的第一次統一。……從另一方面看，垮臺的宋朝被推崇為具有高度文明和繁榮文化的朝代。」（中譯本，頁 711）但明人似乎並不以為元代意味著文化繁榮的中斷。明初貝瓊就以為「有元混一天下，一時鴻生碩士，若劉、楊、虞、範出而鳴國家之盛，而五峰、鐵崖二公繼作，瑰詭奇絕，視有唐而無愧」（《乾坤清氣序》，《明代文論選》，頁 32。劉，劉因；楊，楊載；虞，虞集；范，範椁；五峰，李孝光；鐵崖，楊維楨）。方孝孺也說：「元興以文自名者，相望於百年之間。」（《張彥輝文集序》，同書，頁 62）顧頡剛等人所著通俗歷史讀本中對此解釋道，士大夫既

<hr />

53 蕭啟慶《內北國而外中國：元朝的族群政策與族群關係》一文一再以清朝、滿人為比較，說明元朝以及蒙古、色目人的狀況，如說蒙古這一征服民族與漢民族間「差距之大，遠過於金朝女真及清朝滿人與漢族」（《內北國而外中國：蒙元史研究》，頁464），說元朝任官方面不公平的程度「遠大於清朝『滿缺』、『漢缺』之分」（同上，頁465），說蒙古軍戶之貧困，「一如清朝中期以後的八旗子弟」（同上，頁469）。由後人看去，對於元朝，清朝的確是天造地設的參照。

54 針對明亡前籲請南邊的言論，光時亨曾說：「奉太子往南，諸臣意欲何為？將欲為唐肅宗靈武故事乎？」（《明季北略》卷二○，頁437）據《洪業清朝開國史》，多爾袞以管仲為例而肯定吳三桂與清軍合作（即「效忠二主」）這一行為（中譯本，頁275-276）。同書還說，清營中的遼東漢人另有一個「截然不同的歷史模式」，企圖扮演取代暴秦的西漢（頁270）。

然在政治方面不得施展,「自然會轉向他方面,別尋一條出路」,由此
「在這烏煙瘴氣彌漫著的社會裡竟得爆出一星熊熊的火光」,也就是
元代的文學藝術(《中國史讀本》,頁177)。這種解釋我們已耳熟能
詳,元代的士大夫卻未必如此感受。劉基當日就曾說過:「今天下不
聞有禁言之律,而目見耳聞之習未變,故為詩者,莫不以哦風月、弄
花鳥為能事」,遺憾的是其時詩風「溢美多而風刺少」,無裨於世教
(《照玄上人詩集序》,《誠意伯文集》卷七《覆瓿集》七,頁178)。

這種似乎是「畸形」的繁榮延續到了元明之際。《明史》說:「元
末文人最盛。」張士誠據吳,「頗收召知名士,東南士避兵於吳者依
焉」。由楊維楨主持的社集,參與者「或戴華陽巾,披羽衣坐船屋
上,吹鐵笛,作《梅花弄》。或呼侍兒歌《白雪》之辭,自倚鳳琶和
之。賓客皆蹁躚起舞,以為神仙中人。」(卷二八五《文苑》一)這
場面,持久地為明代士人所豔羨。衰世風景未必就慘澹,危亡之際的
文人生涯也未見得淒涼蕭瑟。世衰、亂而文盛,元明之際、明清之際
莫不如此。吳蕃昌說甲申之後兩年(「丙戌春」),自己居邑城之西
巷,閭舍淒清,「而故舊詩席反加增焉。郵傳贈寄,過某之門者,日
百餘箋」(《西巷草堂隨筆小引》,《祗欠庵集》卷七)。上一篇已提到
馬克思有關於藝術的繁榮時期不與社會的一般發展成比例,不與物質
基礎的一般發展成比例的著名論斷。有關論述仍然有它的解釋力,不
但對於明清之際,而且對於元明之際。

上述文人的處易代之際,提供了社會、文化生活連續性之一證。
或許可以說,正因變動、破壞,才使延續凸顯,使歷史生活、社會文
化中某種穩定的部分凸顯。於此我們又回到了本書第一篇的話題上。
但也應當說,斷/續畢竟是較為粗陋的觀察角度。可以據此質疑「改
朝換代」之為視野,但「之際」的那個「際」仍在,「改」、「換」仍
然是基本的事實。此外還應當說,有因「易代」而發生,有發生於易

代之際。呈現在此「歷史瞬間」的，並非都宜於直接以「易代」來解釋。某些事態緣積累而成，或積累中的變動由「易代」觸發或完成。隨時區分情境，厘清條件，不消說是必要的。

〔附〕關於上個世紀 40 年代的中國文學

近十年來有關 1940-1970 年代文學的研究，有了較具分量的成果，如洪子誠的《中國當代文學史》（尤其前三章）、《問題與方法》；錢理群關於「40 年代」文學的研究（《1948：天地玄黃》）；范智紅研究 40 年代小說的《世變緣常》……1940 年代文學的研究曾畸輕畸重，近一個時期似發展較為平衡。這是一個可喜的勢頭。

我特別感動於洪子誠先生的講課記錄《問題與方法》（三聯書店，2002），由這本書感到了個人的當代經驗之於當代史研究的正面意義。[55] 關於記憶的不可靠，個人經驗的局限性、相對性，我們已經知道得太多，個人經驗的積極意義卻還有待於證實與發掘。研究 20 世紀，不但我們所處理的材料往往出自親歷者（創作，回憶錄及其他文字），我們本人也是親歷者。《問題與方法》讓我們看到，正因親歷，避免了因理論化的簡化，非此即彼的一概之論當然前提是「記憶能力」，拒絕將記憶規範化、標準化的能力。不妨承認，這種能力是罕有的。

---

55 霍布斯鮑姆在《極端的年代》的《前言與謝語》中說：「任何一位當代人欲寫作20世紀歷史，都與他或她處理歷史上其他任何時期不同。不為別的，單單就因為我們身在其中，自然不可能像研究過去的時期一般，可以（而且必須）由外向內觀察，經由該時期的二手（甚至三手）資料，或依後代的史家撰述為憑。」他說自己「以一個當代人的身分，而非以學者角色，聚積了個人對世事的觀感與偏見」，「亦即扮演社會人種學家所謂的『參與性觀察者』的角色」（中譯本，江蘇人民出版社，1999）。這種角色固然構成限制什麼角色不構成限制呢？也有特殊的便利。

在談論文學史時，「40 年代」的所指最缺乏明確性。我們想像「40 年代」這一時段時，根據的（包括暗中根據的）是什麼？

我們在這裡也遭遇了「分期難題」。無論三個十年，還是「30 年代」、「40 年代」，都只有有限的適用性，且對我們的視野構成了限制。我們所謂的「30 年代」，主要指左翼（「紅色的 30 年代」，激進的政治運動與文學實驗的 30 年代），後來又加上「新感覺派」；「40 年代」則主要指前期，而忽略了洪先生反復談到的、當代文學在其間生成的 40 年代後期，致使這一時期的文學狀況在文學史敘述中一向模糊不清。在「抗戰文學」與當代文學之間，無論用「抗戰後文學」，還是「解放戰爭時期文學」，都不便指稱。與當代文學向 40 年代後期尋究「發生」不對稱的是，我們囿於專業眼界，缺少對於趨向、下文的足夠興趣。我們並非總能意識到（往往更是有意避開）「下文」，「欲知後事如何」的「後事」。不同專業的學者由各自的學科發問，有可能在一個時間界標前相遇對「當代文學」發生的解釋，與對「現代文學」趨向的追問而專業劃分阻斷了有些思考，也對理解專業範圍內的問題造成了限制。對 40 年代後期的忽視，與對「下文」有意無意的回避有關。（這或許也因了我對專業進展的隔膜。由洪先生的講課記錄得知，陳思和已提出把抗戰到「文革」作為 20 世紀中國文學的獨立的階段來處理。黎湘萍則認為應以 1945 而非 1949 為標記劃界。）

我們的研究生討論時，有研究生談到 1980 年代「20 世紀中國文學」的概念的提出，其實際意義（以至一部分動機），是為了突破瓶頸，解決關於 1940-1950 年代文學史敘述這一難題。但這一難題，不可能經由整體描述解決（如「國民性批判」、「悲涼」作為審美特徵等）。比如不能代替對於「『轉折』、『斷裂』的具體事實和過程」（《問題與方法》，頁 129）的清理。洪先生的該書說，轉折和斷裂不僅僅

表現為一種新的文學觀念和文學形態的出現，還表現為「40年代不同的文學成分、文學力量之間的關係的重組，位置、關係的變動和重構的過程」（頁133）。這也應當屬於中國現代文學專業考察的內容。由60、70年代上溯，與由40年代下窺，所見會有不同。這裡有專業視野、學科規範的限制，也因不同的問題意識。現在要問的是，中國現代文學專業是否形成了自己的問題意識？有必要追問在這期間發生了什麼（包括思想事件、文學事件與個人事件）。即如調查這一時期作家流動情況，作家生存狀況、創作狀況的變化，以至這一時期物質生活的變化。不妨承認，關於轉折的研究，中國現代文學界較之當代文學界更少貢獻。

此外40年代（事實上始自1937年或更早）文學尚有空間分割。我尤其關心的是，40年代下半期空間界限變動過程中發生了什麼。段美喬的研究據一地（北平）回答了這個問題。由當代文學專業的角度看，即在此一地醞釀中的「當代」。同一時期在其他地域（比如上海、重慶）發生了什麼？1945-1949，是一個流動、混融、原有的某些界限變得不確定的時期。解放區、根據地文學向國統區的浸潤，其間文學版圖的改寫，是在一段時間中發生的。考察「積漸」，或許更是史學方法。即如第一次文代會之前，「格局」是如何逐漸形成的？「體制」也有生成的過程，作家納入體制，正是這過程的構成部分。

打開已有視野遮蔽的空間，呈現所能發現的全部複雜性，是我們有可能做的工作。我痛感我們的歷史敘述中細節的缺乏，物質生活細節，制度細節，當然更缺少對於細節的意義發現。黎湘萍說到紀年這一細節。以紀年為特殊的表意方式，有傳統淵源，傳達的往往是一種嚴重的意義。細節使歷史想像飽滿。我發現當代學者與陳寅恪、陳垣、孟森一流學者的歷史想像，有極大的不同。當然，不應流於瑣碎、小趣味。如何平衡，既有筋絡又有血肉，仍然是問題。事實的清

理、辨證，鉤稽史料，考辨異同，原是史學工作。這裡時間線索尤有重要性。關鍵的史實不但應逐年，而且應逐日清理。

（在 2003 年 9 月中國社會科學院文學研究所現代室主辦的「1940-1970 年代的中國文學」學術研討會上的發言，在《中國現代文學研究叢刊》2004 年第 2 期刊出，題作「問題與方法」。收入本書時略有刪改）

《流星雨》
——如何想像抗戰時期的「大後方」

　　《流星雨》是已故的中國現代文學研究專家董易先生生前完成卻至今未出版的長篇小說，關涉西南聯大時期共產黨（地下黨）的活動，其時地下黨員的奮鬥與犧牲。部分小說人物有原型。我曾惋惜它是小說而不是紀實作品、回憶錄。董易先生上個世紀 80 年代寫作此書時，自然不能預見此後的文學風氣與價值取向。可以肯定的是，其中保存了一些「史實」。關於小說與歷史文本對於保存史實、真相，已經有了與舊有成見不同的看法。當然，直接將《流星雨》這樣的作品當作「史實」、「史料」仍然是有問題的。就這部小說而言，我相信它的價值，在提示了被忘卻、被省略的歷史生活的片段。這未必是小說的宗旨如上所說，董易先生不大可能預見此後風氣的轉換。因了內容的不再合時宜，也因了文學寫作方式的日新月異，使這部傾注心血之作遭遇了出版的難題，我們卻可以引出有益的啟示。流星成雨，可知無名的犧牲者之多。歷史蒼穹上有過太多的流星以至流星雨，為史書所不載。敘述即選擇，選擇就有省略；難得的，是自覺於取捨之

際。忘卻是生存的條件，刪節、省略則是歷史敘述的條件，我們卻仍然要追問忘卻了什麼，刪節、省略了什麼。

歷史敘述即建構。有人說，「記憶有如迷宮，打開一道門就會出現另一道門。」（北島《聽風樓記懷念馮亦代伯伯》，《讀書》2005 年第 9 期）也有另一種情況，即打開一道門卻關閉了另一道門。在一個時期的敘述中，西南聯大被想像為自由主義知識份子的大本營。這種想像不能說全無根據。只是在復原歷史的面貌時，不要有意省略、忽略一些基本事實。比如董易所寫的那一片流星雨。據左派史學家霍布斯鮑姆的《極端的年代》，「二戰」期間，左翼、左派（廣義的，共產黨之外，還包括社會民主黨、英國的工黨）曾在抵抗運動中佔據了重要位置，並影響於戰後一個短暫時期的政治格局。中國也在此潮流中，並非特例。近些年來，關於抗戰時期的歷史有重大發現，或者可以稱之為揭蔽，但我以為在這種時候，也應當警惕另一種遮蔽。打開的同時有遮蔽，這本是常態，幾乎不可避免。但學術工作者應當對自己的學術工作時刻保持反省，包括想到遮蔽的是什麼，尤其應當力求避免有意的即迎合時尚的、適應風氣的遺忘、遮蔽。

關於「西南」、關於「大後方」，已經形成了相對穩定的想像空間。我想說的是，有重慶、昆明之外的「西南」，重慶、昆明之外的「大後方」。我就在「後方」西北的蘭州出生，只不過出生不久抗戰就勝利了。西北作為後方，不知能不能稱「大」，但那裡想必不會是一片文化荒原，在已有的文學史敘述中卻幾乎沒有痕跡可尋。應當打破「中心─邊緣」（以及「主流─非主流」）二分的思維框架。臺灣學者王汎森曾談到「地方性」材料的史學研究的價值。這裡的「地方」非即邊緣，非即「非主流」。我以為值得致力的，倒是發現已有的歷史敘述模式之外的「歷史」。這並非只有「地方」才能提供，但「地方性」的材料中的確可能蘊藏著未被發掘、實現的價值。

　　戰爭期間的文學貢獻不必限於寫戰爭。這段歷史生活的關鍵字決非只有「抵抗」，所「抵抗」的也不只是日寇、投降派「抵抗」的語義也有其豐富性，也包括了向內的，向誘人墮落的種種。「戰時生活」從來有其豐富性，戰爭歲月中的人生、人生相從來有其豐富性。不但大後方，前沿、前線的生活也有其豐富性。抗日戰爭後期的大後方文學對於「日常」的發現，即如駱賓基《北望園的春天》等作品，通常被由負面歸結成因：物資匱乏，空氣壓抑，等等。除了物質生存狀況外，還有什麼可以作為上述發現的條件？比如文學創作者非「群居」的生存狀態，非「運動」的社會環境，在此情境中「個人意識」的蘇醒與五四時期在不同的層面上，其背景、內涵都已不同。此外，發現的條件還應當包括了文學觀念的潛變，對文學對小說一體的理解的變化，即使是不明確的、朦朧的。那一種取向是否可以認為與近半個世紀後的「新寫實」遙相呼應？我以為由 1940 到 1970 年代的文學非「一脈相承」，根據之一，即戰時大後方及戰後開出的上述路向，儘管有些可能性未能在 1949 年（以至 1945 年）後實現，有些可能的發展中斷了，對戰時大後方文學仍然值得作更積極的評價。戰時與平世本無絕對分界。「生活仍在繼續」中的「生活」，即主要指「日常生活」，甚至「正常生活」。「常態」即使在最緊張的歷史瞬間也存在。由毀滅中的再生，其速度也往往超乎想像。明清之際的「揚州十日」之後就是這樣。人的生存意志的頑強，他們的再生能力，幾乎是無窮盡的。但這些面相往往在史家的關注範圍之外，而「正史書法」又規範了想像，使得許多面相沒有機會浮出地表。那段歷史生活的廣闊性與豐富性賴有擴張了的歷史視野去發現。

　　（2005 年 10 月在貴州師範大學文學‧教育與文化傳播研究中心舉辦之「抗戰時期西南大後方文學活動與思想文化建設」學術研討會上的發言）

附錄

思想・材料・文體
——治學雜談之一

「思想」屬於我通常避免使用的「大詞兒」；在本篇中，大致指的是理論修養、認識能力，包括被稱之為「思辨」的那種能力，也指學術活動中更為具體的論題、「觀點」之類。所以最終用了「思想」，也取其大，有彈性，能包容。

思想、材料、文體，大致對應於桐城派所謂的義理、考據、辭章只是「大致對應」。為學術研究所需要的能力，其實不出上述三項。桐城派的義理、考據、辭章，說的是論學、論文的基本標準，也可以理解為從事學術工作的三項基本能力，造就一個學人的入手處。在古代中國人看來，知識人於義理、考據、辭章，不妨偏勝、專擅，但也更欣賞諸種能力兼備、平衡發展，儘管那種人物向來稀有。在比較好的情況下，「偏至」，「偏勝」，此「偏」不是因了其他能力的缺失，而是某種能力特強，是自覺選擇與訓練的結果，而非不得已的「片面」。

思　想

對於一個「學術工作者」，理論能力，或者說思考的能力，與文獻鉤稽、史料整理的能力應當更為基本。對此，傳統的說法，義理／考據之外，另有思／學，以至宋學／漢學；與此相關的，尚有「摭實」／「蹈虛」，以及今人所謂的「文獻主義」／「超越衝動」等

等。即使強調了對義理、考據不應當作對立觀，宜力求兼致，而不是偏廢，在我看來更為根本的，將學人之間區分開來的，仍然是思維能力，認識能力。桐城派所謂的義理、考據、辭章，本來就是一種價值序列，其排列順序關涉價值估量。即使不囿於「文—道」的傳統視野，「義理」作為能力，在我看來也更有基礎性。辭章總要負載「意義」，即使是較為隱蔽的意義；材料則賴有「燭照」，是對於某一視野、問題、論域的材料。史料的發現並非無中生有，而是未被作為史料的材料進入了研究。對材料的感覺不能不來自作為今人的問題與視野。

顧炎武一再稱引宋代劉摯的「士當以器識為先」。[1]在他看來，才、學、識三者中，「識」顯然具有優先性。古代中國人有所謂的「識度」、「識量」、「識斷」、「識鑒」等等。陳寅恪序陳垣的《明季滇黔佛教考》，稱道其「識斷之精」（《金明館叢稿二編》）。「才」多少系於先天、稟賦，「學」賴有積累，「識」則需要磨礪。公安三袁中的袁宗道，論「士先器識而後文藝」，以為「識不宏遠者，其器必且浮淺。而包羅一世之襟度，固賴有昭晰六合之識見」（《士先器識而後文藝》，《明代文論選》，頁 307）。這一點，古今所同。當然，「識」不一定取理論形態，認識能力非即理論能力。不理論化未必就無識。但理論訓練有助於提高認識能力，是無可懷疑的。每一種嚴肅的理論思想，都有可能打開一個世界；當然也會有新的遮蔽，但這絕不應當成為拒絕理論的理由。理論地把握物件，是一種能力；你可以運用或不運用這種能力，但你有必要努力經由訓練使自己擁有這種能力。不具

1　《宋史》卷三四〇劉摯傳引劉氏語：「士當以器識為先，一號為文人，無足觀矣。」顧炎武對劉摯語的引用，如《日知錄》卷一九《文人之多》條，另如《與友人書》（《亭林文集》卷四）。

有這種能力並不就意味著擺脫了「理論」你可能使用的是更為簡單粗陋的理論框架，而你卻不具備對此的判斷能力。

所謂的「問題意識」，系於理論視野與「理論能力」。一項研究，往往是由發現了問題開始的。提問不止基於技巧。提問緣於對問題的發現；這種能力是有待訓練的。學習提問即學習思考也包括進入對方的問題、理路、脈絡。至於從事一項研究，提出什麼問題有時比「解決」該問題更重要。由你討論的問題，大致可以判斷你的研究在何種境界。

需要學習嚴密地思考包括思考問題的諸種可能、諸多面向，以及一種特定的思路的限度；還包括思考你所選取的理論框架的闡釋力，它的適用範圍，它的限度。保持對於所使用的框架的反思態度，也是一種能力。理論工具永遠只有有限的有效性。沒有「終極」的解釋。而諸種理論的融會、「化用」，就我的經驗，只有極少數人才能做到。

聽到過一些似是而非的議論，對於「觀念」鄙夷不屑，應當是對於近些年理論輸入的一種反應。其實區別只在於什麼樣的「觀念」，以及你對自己的觀念背景是否自覺，是否擁有對此批評、反省的能力。我們從來是憑藉了「觀念」的視野看世界、思考問題，也憑藉此種視野看取文學的，不能設想不憑藉任何「觀念」的表達、言說。如若你不是與世隔絕，你多半已利用了別人的理論成果，被不斷改變著感受世界的方式，即使你使用的仍然是「老詞兒」。我想起了1980年代後期對於「新名詞轟炸」的責難。我們太容易忘掉歷史，即如清末民初、五四時期的類似反應。上述時期大量輸入並招致了反彈的「新名詞」，大多進入了我們的詞庫，甚至早已成為常用詞。

不以理論為時尚，也就不至於盲目「跟進」、生吞活剝，也不會盲目拒斥。你沒有必要拒絕智慧，拒絕新的資源，拒絕自我更新。為了學術發展，需要不斷尋找具有解釋力的理論資源，而避免隘陋

「隘」指眼界,「陋」指見識。當然,理論的運用應力求融會貫通,而非僅僅將自己的學術作成流行理論(或只是流行話語、流行語詞)的注腳。

章學誠批評他生活的時代,說「近日學者風氣,徵實太多,發揮太少。有如桑蠶食葉,而不能抽絲」(《章氏遺書》卷九《與汪龍莊書》,《章學誠遺書》,頁82,文物出版社,1985)。章氏的批評,對於目下的中國現代文學專業,不也有適用性?

更常遇到的,是將與理論有關的能力與「感覺」對立,後者即使不被認為專屬女性,也像是以女性更有優長。說某人「感覺很好」,亦褒亦貶,或許意在委婉地提示你其他方面的缺陷,且是限於性別、難以彌補的缺陷。「感覺」作為能力,的確屬於不可傳授的一種,卻不全然來自稟賦;也如其他種能力,可經由(自我)訓練而獲取。往往正是思想,在相當的程度上決定了你感覺的方向,解釋著你何以對此而非對彼有感覺,以及感覺所達到的深度。也因此,如若你準備從事學術,無論稟賦、個性、性別,都不應當成為拒絕理論訓練的藉口。思想,即使有十足感性的外衣(如在文學中),或借諸「直覺」的形式,都可以察覺到甚至觸摸到它。具體的思想、主張會過時以至報廢,而「認識能力」則不會。認識自己生存的世界,思考自身的生存,應當是學人從事學術的基本動力。[2]

對問題的敏感是由訓練形成的。更為可貴的品質,是窮究不舍、向對象持續深入的堅韌當然先要有深入的願望,有深入的企圖,有窮

---

2 思想、學術的對立是人為的,系於上個世紀90年代的學術環境。我從來不認為有必要在二者之間選擇,對「思想能力」的渴慕卻是近於一貫的。魯迅、王夫之因此持久地吸引了我。在閱讀中「深度」追求往往壓倒了文體偏好首先選擇富於「穿透力」的思想,在這一點上不大像「文學研究者」。在一個「數位化生存」的時代,深度追求或許會被認為迂闊的吧。而在我看來,放棄這種追求,對於學術是致命的。

盡物件的衝動。一個知識論的問題：「你如何知道你知道你所知道的？」很繞，但的確是一個值得經常向自己提出的問題。深究、窮究的精神，或許就在這種追問中養成。在所選擇的方向上力圖窮盡，使無剩義；又勇於向被認為「題無剩義」之處追索。我在自己的學術經歷中，只發現了極少的人具有這種能力，普遍的，是淺嘗輒止不止由於懶惰，也因無力，缺乏可資「深入」的憑藉。尋根究底，以至「極深研幾」，是治學的一種境界。契機往往來自遇到了對你既經形成的判斷不利的證據，或具有顛覆性的「觀點」。「窮究」是一種代價高昂的艱苦的思維活動、學術勞作；避難就易從來是人情之常。當你確信自己已難以深入，或許倒有了蛻變的可能。作為對策，不妨選擇放棄，嘗試以重新開始激發創造力，包括選取不同的學術方向、研究領域、工作方式，當然也包括選擇學術以外的其他「人類活動」。

　　強調理論能力、思想能力的重要性，並不因了自己擁有或自以為擁有上述能力。恰恰相反，我缺乏思想的尖銳性，不長於論辯，缺乏發現問題的敏銳；即使意識到了問題，也未必能將其「問題化」，組織起有效的反應不是不想反應，莫測高深地保持緘默，而是無力反應。那常常是一種痛苦的無力感。至於「不在某種既定的理論框架之下」，不全出自主動的選擇，而是由於能力的缺失。但上述缺陷並不能使我避開理論的誘導。我顯然利用了與他人共用的學術空間、理論氛圍。我喜歡用「暗中」這一說法，說自己暗中受到了某些理論的影響，潛移默化，耳濡目染。理論暗示有助於我質疑成見、諸種似乎自明的前提，複雜化對問題、現象的認識，保持警覺，繞過言述中的陷阱。我們不能不浸淫在自己時代的思想氛圍中。當然，當代思潮進入你的思路，有可能經了過濾或改裝，你的「能動性」在其間發生了作用。真正原創的東西已經稀有。不要輕用「獨特」。「獨特」之為境界，達到極難，往往被說得輕易了。

　　但作為對於上文的補充，我還想說到問題的另一面：即使缺陷，也可能有其正面的意義。比如理論地把握物件的能力的缺失，即不大會有「先入」的架構，一些片段、零散的印象、感觸，有可能隨機組織；思理不夠明晰，卻也因此留出了縫隙、空當，以備完善、發展；沒有過於強勢的（別人的）「問題」引領，未必就有自己的問題，但至少有了掙扎、騰挪的餘地；不能進入某種「脈絡」，自以為領悟的，很可能是誤解如若你原本就無意於成為通曉某項理論的專家，而你的讀解又實實在在豐富了你的思維，誤解又何妨？缺乏現成的分析框架，那就由最具體的現象、言論入手。較之設計完備嚴整的研究，這種工作方式多少有點冒險，比如最終成果難以預期。但作為過程，可能有不期之遇，有意外的驚喜，走到了未曾設想的地方，打開了意料之外的境界……

　　我仍然堅持「義理」的重要性、優先性，但也注意到，結構嚴整、綱目清楚、框架儼然的學術作品，有可能轟然倒塌，尤其以某一種理論「架構」的學術作品。缺乏整體性、有機性，被譏為七寶樓臺，拆開了不成片段，倘若有著堅實的局部，豐盈飽滿的細節，也有可能貢獻另一種價值。

　　涉及一點具體的問題，即選題。

　　寫作本書期間碰巧讀到 J.P. 邁耶為托克維爾《舊制度與大革命》所寫《導言》中引述的托氏的如下文字：「成功機會一半以上就在選題，不僅因為需要找一個公眾感興趣的主題，尤其因為需要發現一個能使我自己也為之振奮並為之獻身的主題。」（中譯本，頁 2，商務印書館，1992）在我看來，「獻身」不必，「為之振奮」則是必要的。較之「公眾感興趣」，毋寧說能使自己「為之振奮」更重要。但我仍然要說，那種令人振奮的開發、發現、發掘的可能性，通常要在你深入該題目之後才會出現。

　　研究物件的選擇之於研究者的重要性，可以孫歌所說的竹內好為例。孫歌在《竹內好的悖論》中說，竹內好是幸運的，「很少有人能夠像他那樣找到足以契合自己精神世界的另一個參照系，也很少有人能夠像他那樣畢生把一個人物作為自己靈魂的原點。」（《竹內好的悖論》，頁 16，北京大學出版社，2004）「畢生把一個人物作為自己靈魂的原點」，不是誰人都有機會；明智地選擇研究方向、研究題目，卻是可以做到的。學術工作能創造價值，不全賴於物件，但物件的挑戰、激發、誘導，有可能成為價值創造的重要條件。

　　選題不只系於技巧，更應當基於自我認知對自己的強項、弱項。人所成就者不同，所以成就，往往系於是否認識自己。尺有所短，寸有所長。缺陷與優長往往並生。人的才稟的差異並不如想像的那樣大。由能否善用所長，可以檢測學人在學術上是否成熟。更值得珍視的，卻又是那種將缺陷轉化為優長的意志，為此有必要尋求挑戰，選擇阻力較大的方向，不畏懼涉足陌生的知識領域。據我的經驗，倘若你在研究中遭遇了抵抗，那麼抵抗處或許正是關節點，庖丁的刀所遇到的「肯綮」。難度所在，可能正是深度所系。倘若你不放棄，或許會有意外的發現。學人不妨努力在看起來不利的條件制約中發展自己。從事學術工作不必過於功利：以認知為動機，不斷補充營養；以難題為策勵，激發熱情與活力。固然要揚長避短，卻更有必要揚長補短，發現自己潛在的可能性。

　　與尋求挑戰同樣重要的，卻又是限度感。學術工作應當是認清了限度後的奮鬥。一個學者的學養與訓練，固然體現在做什麼，有時卻更體現在不做什麼，不敢做什麼。有所不為，有不敢為，保持對自身限度的清醒意識，自知，知止這裡就有對學術的敬畏。分寸感，限度感，是成熟的學人的標記。看一個學者如何選題，如何為自己劃定論述的邊界，大致可以知曉其人是否「上路」。

　　好的選題通常賴於學術經驗，久經磨煉的直覺能力，以及由理論訓練所培養的問題意識。我一再聽到指導研究生的同行要求學位論文的選題有「生長點」，即進一步展開的可能性。倘若那研究生有志於學術，選擇能衍生的題目，的確便於滾雪球式地擴展。但日後能否「生長」，未必可以前知。你做的所有學術工作都會參與積累；「生長」的可能性賴有後續的投入，系於個人的能力與機緣。因此不必誇大了選題的重要性。怎樣進入題目，選擇何種論述角度，是否有自己的線索，自己切入論題的方式、路徑，有時較之選擇何種題目更重要。值得重視的，是自己最初的感覺、直覺，將第一時間吸引了你的東西抓住，儘管最終的成果可能在全然不同的方向上。不必將選題技巧化，一意求「中」（中選、中標、中試），為此不惜避重就輕，避難就易。近年來學位論文的選題通常以易於「通過」為首要考慮，就中國現代文學專業而言，重所謂的「實證」屬於對策之一未必都可以歸過於「學術轉型」。報刊研究的成為熱門，也因邊界明確，內容有限，且能「落到實處」，至少可以材料翔實、豐贍取勝。

　　明智的選擇還包括了避免重複勞動。元末明初的陶宗儀記宋元間郝經出使宋，被扣留在了儀真（今儀征），勢不得還，就買書作《續漢史》。待到脫稿，卻長歎道，自己「辛苦十餘年，莫不被高頭巾輩已做了也」（《南村輟耕錄》卷二四《漢魏正閏》，頁 291）。重複勞動，不能不是生命的浪費。

　　有必要警惕大題的誘惑。下文還要談到大視野。大視野不意味著做大題目，更不意味著筆下一味鋪張。選題大而無當，有時正由於能力的缺失。沒有自己的問題，只能借助於鋪張。這裡有上個世紀80 年代鼓勵「宏觀研究」的貽害。大題之外，還有諸種大詞兒，動輒「中國」、「20 世紀」。對研究者，「大」的誘惑往往難以抗拒；諸種「基金」以至出版界都有可能鼓勵大題。對抗這種誘惑，或許在嚴

格限定論述範圍，將問題具體化逼你自己向深處開掘，嘗試著「挖一口深井」。只有在嚴格限定了的範圍內，研究才有可能深入，同時使「成見」也使理論的適用性、解釋的有效性得到檢驗。

上個世紀80年代的「學術勇氣」中包含了無知，其表現如侈談「傳統文化」、「世界文學」。針對上述傾向，有「小題大做」的說法。「大做」著眼在學術含量。我以為這裡的「大」，取決於視野，取決於「相關項」、「相關領域」的發現。相關性是賴有發現的。「相關」與否，系於人的識力、視野，並不現成。越深入，相關的知識領域、論述空間越寬廣。不如不用「大」、「小」的說法，而取「適度」。

我自己與學術有關的，有過兩次較為重大的選擇。第一次，考研，當時的首要考慮不是選擇一項「事業」，而是選擇一個具體的出路。第二次，選擇「知識份子」這一研究方向。這一方向上的成績，就有《艱難的選擇》、《地之子》等。進入「明清之際」，也仍然在這一方向上，證明了當初的選擇的重要性。你的學術工作中隨時會有「邂逅」，有意外的、設計外的、期待外的發現；但有意思的題目，只可能與有準備者「遭遇」，契機也只在你確有準備的情況下出現。看似隨機的選擇，不是機會等在了某處，而是你看似無意地等在了機會有可能出現的地方。

選擇題目，我首先考慮的不是該題目的研究價值，而是我自己能做什麼，做什麼對我構成挑戰，同時最大限度地用我的所長。我們通常不得不在諸種限制中尋求發展。因缺陷而另有成就，我想到的例子，就有周信芳、程硯秋。更極端的例子是，盲、聾、啞等官能方面的缺陷，有可能使其他官能高度靈敏。失之於此，而得之於彼。差堪自慰的是，事後看來，我選擇的方向與方式適合於我自己。在最初憑藉直覺選擇的「點」上持久地開掘，使我有可能聚集精神以「進入歷史」，且在這途程中擴充知識。這正是我所希冀的。

材　　料

　　我一向以為衡量人才，尤其重要的，是「能力」這一種標準。如上文已經說到的，你可以運用或不運用某種能力比如理論能力，比如對文獻、史實考據的能力，考察制度沿革、考辨制度異同的能力，依據統計材料對特定時期的經濟狀況、生活水準分析的能力，以至於搜集整理資料的能力，等等但你不妨試著擁有它。「考據」原非治古代史、也非治古代文學者的專利；但這裡我關心的，更是較為一般的文獻鉤稽、整理的能力。

　　陳寅恪關於馮友蘭《中國哲學史》下冊的審查報告，稱許其「取材精審」。「取材精審」應當是文獻鉤稽、運用中的極高境界。追求在「精審」，即不在量的多少。材料若選擇精當，本身就有說服力，甚至不假論說。這種材料絕不可能現成地由某種「資料彙編」中獲得。徵引的「煩碎」，即緣不能精當，材料本身的說服力不足。徵引應當是一種發現，對引文的發現。即使對那些被一再引用過的文字，也應當是對其重新發現。這樣的徵引才不至於成為單純的炫博。引文在被提取的同時，因嵌入了上下文而呈露出未被發現的意涵，甚至獲得了生命力。古代漢語也如外文，有某種不可迻譯性語義層面外，更有情緒、意境、節調等。通俗化、白話化難免於意義、意蘊的流失。文言的確並非總宜於翻譯。凝聚在高度精練的表達中的力量，有可能在翻譯中散失。適度徵引，不但有利於保存原文，且有助於豐富我們的語言材料、表達方式。問題是適度。一位同行對我談到，對材料揀擇不能精，往往由於「綜合能力」欠缺。所謂「綜合能力」，應當包括了知識水準、判斷力、文字感覺等等。至於對文獻的徵引，全引與摘引，各有利弊。摘引的大忌，在牽彼以就我的成見。

　　取精用宏，是太高的境界，卻不妨心嚮往之。「精」賴有識力。

搜集史料，不能過分依賴「高科技」。電腦方便了「關鍵字」的搜索，不包含此種關鍵字，卻包含有關邏輯的文獻材料，不能由電腦發現。電腦也難以發現「相關論域」，發現問題間的相關性。對現代技術手段的依賴，勢將更加削弱學人的某些能力，對材料的感覺能力，對文字的感覺能力。由電腦搜索的材料也有可能因剝離了上下文而失去了有機性。對材料的「感覺」不能經由訓練而得，屬於諸多不能由訓練而得的能力中的一種。但思想的磨礪，知識的積累，無不在培養這種能力。它得自後天的閱歷、經驗，似乎與先天的稟賦沒有多少關係。

我們所關心的從來就不止於是否「事實」，而且是什麼樣的事實最終仍然與闡釋系統有關。那麼就有必要隨時審視我們的史料觀。陳寅恪有一段常被引用的話：「一時代之學術，必有其新材料與新問題。取用此材料，以研求問題，則為此時代學術之新潮流。治學之士，得預於此潮流者，謂之預流（借用佛教初果之名）。其未得預者，謂之未入流。此古今學術史之通義，非彼閉門造車之徒，所能同喻者也。」（《陳垣敦煌劫餘錄序》，《金明館叢書二編》，頁 266）史料並不現成。文獻的「史料意義」是要靠發現的。新的問題視野有可能將已有的歷史題材陌生化，由此而有新材料的發現。甲骨文的發現，敦煌文書的發現，徽州契約文書的發現，都屬於 20 世紀重大的學術發現，證明了「新材料」的發現，賴有「新問題」的燭照。[3] 批評自己時代的學術，黃侃說過，「所貴乎學者，在乎發明，不在乎發見。今發見之學行，而發明之學替矣。」（黃焯記錄《黃先生語錄》，《蘄春黃氏文存》，頁 218，武漢大學出版社，1993）「發見」應指對

3　請參看王汎森《什麼可以成為歷史證據近代中國新舊史料觀點的衝突》一文，收入王氏著《中國近代思想與學術的系譜》。

新材料的開掘,「發明」則指讀出已有文獻的新義,所謂發未發之覆。[4]事實是,無論對新材料的發現,還是「讀書得間」的「發明」,都賴有在生活中磨礪而成的感覺與洞察力。

在文獻鉤稽、史料整理方面,文學研究者不妨向史學學習,重建「範式」。我注意到魏斐德《洪業清朝開國史》對徵引及依據的文獻,詳細注出,可以作為「規範」運用之示例。就該書而言,注釋未必較正文次要你可以知道一個嚴肅的史家對待他人研究成果的態度,那種廣收博采,綜合既有研究成果而不輕下判斷的謹嚴作風。我自己涉足「明清之際」,經歷了重新學習做學術的過程。「重新學習」包括了材料的甄選、文獻的考辨,甚至包括了某些技術性的方面,即如規範地徵引、注釋,也因此有了向學術經典學習的機會,向其他學科的範本學習的機會。

已有的著述形式仍然有利用的價值。不但「資料長編」,年表、年譜,也均為史之一體,作為著述形式並不處於較低的等級,即不止是撰史的準備或副產品。以資料排比「敍述」歷史,在排比中發現歷史,作為方法並沒有失去有效性。即如年譜。我所見的幾種近人編撰的年譜,材料尤為豐富,不止呈現了一個時間的序列,而且展開了相當大的面同一時間中的不同人物、不同場域。上述著述形式已發展得很成熟。孟森《明元清系通紀》,「以明代之紀元,敍清代之世系」(該書《前編弁言》),對於考察明清之際的歷史,何等有用!在這方

---

4 吉川幸次郎《我的留學記・留學期間・留學所得收穫》中談到,「所謂考證學,在日本時,總認為在文獻對證之外,一定要有實物的證據,否則,不能叫考證學。」但他發現在中國,「發掘文獻內在的證據,比什麼都強。」他認為黃侃是「真的具有能力去實踐這種考證學的人」,「不是注重於書以外的資料,而是在書本之內認真用功的人」。他解釋黃氏所謂「發見」、「發明」,說羅振玉、王國維的學問,「從哪個方面看都是發現」,而「發明則是對重要的書踏踏實實地用功細讀,去發掘其中的某種東西」(中譯本,頁79,光明日報出版社,1999)。

面,文學研究者大可向其他學科學習。我所知中國現當代文學專業的研究生,知識結構中通常有皮毛的「西學」,常識的現當代文學,缺乏的往往是古代文學、古典文獻的知識與訓練。大致相近的知識結構,使所做學術面目相似。倘若其間有了區分,很可能就賴有知識準備、學術背景的那點不同。

近一個時期的中國現代文學研究有考據傾向,不再止於「模糊影響」、籠統的「印象式」描述,務求修復細節、再現過程。對諸如「制度」一類硬體細密考察,對其間異同進行考辨,是一種值得訓練的學術能力。下面要談到「文本細讀」。「文本」包括了文學文本與非文學文本;後者就有與文學有關的制度之為「文本」。對制度的細讀考鏡源流、辨析異同,是前輩學者曾經擁有過的能力。這種考察,所用通常是史學方式。另有其他諸種「實物文本」。細讀文本,賴有豐富的理論資源,也賴有細緻入微的分析能力,對細節及其含義的文化敏感。深入物件的肌理、內部結構,從來是罕見的能力。尋常見到的,是浮光掠影,淺嘗輒止。與制度有關的考察,無疑會豐富對文學創作所憑藉的「文化環境」、「條件」的瞭解。「考據」原非治史、也非治古代文學者的專利。「考據傾向」也應當出於對空疏(所謂「束書不觀,游談無根」)的反撥。由實而虛,由虛返實,是學術風氣轉換中常有的選擇。無論「蹈虛」還是「摭實」,一旦成為趨向,一定會有偏蔽,引出逆反。考據作為學術方法本有其限度,有適用範圍、功能邊界。對於文學,作家作品永遠是最基本的研究物件,也是最基本的文學史的「事實」。

不止這一個學科經歷著人才危機。學術文化破壞的後果,要由幾代(甚至不止幾代)人承擔。有這種意識,才有壓力。我對近年來博士論文的印象,就有能力的片面化除非那是充分發展的「片面」,比如以考據、校讎、纂輯名家。普遍缺失的,尤其是我們慣常稱之為

「審美」的那種能力。對於文學研究，這種缺失是致命的。一個人片面發展、甚至成了「兩腳書櫥」，沒有什麼不好，事實是這種人物已近於絕跡；而一時代的學術，仍然應當追求境界的完整，而非單項達標。基本訓練的缺失隨處可見。古人說「盈科而後進」（《孟子‧離婁》），古人還說「先河後海」；而我們往往起樓而竟沒有地基。在這種意義上，說「人才危機」決非危言聳聽。

閱讀文獻、搜集材料，「先入為主」難以避免。我們不可能把腦子騰空了再開始一項研究，我們所能做到的，是盡可能地擺脫成見，用質疑，用逆向思維，用搜尋另類事實，用其他一切可利用的方式，也包括不囿於自己已達成的結論，自己已形成的研究思路，自己的習慣視野，使結構敞開，隨時準備著接納異議、歧見，修改成見、成說。即使有預設，有預先的想像，在研究中也應力避「目的化」，避免過求「一致」、定向搜集材料，避免意圖過分明確，一意論證成見。對於紛繁複雜的「歷史」，幾乎任一判斷都不難找出例證。因而目標不宜只設在「言之成理」、「自圓其說」上，這不大像是值得追求的境界。無論如何困難，都不妨去嘗試探入「歷史生活」的肌理，在相互扦格、抵牾的材料中辨認這「肌理」。我已說過對已有的過分目的化了的敘述的懷疑。自己著手敘述，則避免過分明晰、「確定」，力求為不同的想像與敘述留出空隙，以至將對敘述的懷疑作為敘述的一部分。一位老詩人調侃說，想刪去我的文字中的那些個「或許」，又說不能刪，怕將「評論家的持重」給刪掉了。其實我的好用「或許」，並非示人以「持重」，而是為了「存誠」，「修辭立其誠」的誠。「多聞闕疑」也是一種誠。不便僅僅將「或許」、「似乎」作為言述策略。世間的事，尤其其間的因果，不能認定者正多。留出餘地、縫隙，使「不確定」得以呈現，是必要的。[5] 事情往往是，對於對象越

5　我發現布羅岱爾的那本關於地中海的書並不只告訴你「定論」，還告訴你種種未

深入，就越多疑，越難以作一概之論。至於如何處理「不確定性」與
論文文體所要求的明晰之間的關係，無疑是一大難題，我也仍然為此
困擾。

　　還應當說，事實清理、文獻考辨與「想像」並非絕不相容。由已
知推未知，並不就是無中生有。胡適說「假設」與「求證」，肯定的
就有推測的必要性。考據不止賴有工夫，也憑藉發現事物、事件、文
本間關聯的能力，甚至有時比之虛構，更依賴想像、聯想。當然，
「想像」絕非無所依傍。天馬行空式的想像與學術無關。至於由無字
處讀史，由「史所不書」處讀史，這種能力不可能僅由書齋獲取。

文　體

　　本篇題目中的「思想」不等於「義理」，「材料」非即「考據」，
「文體」卻包括了「辭章」。在我的理解中，作為能力的「辭章」，不
限於寫作美文的技巧，還指較為一般的操縱、驅遣文字的能力；對於
學術研究者，則既指對文字的審美能力，又指運用、駕馭學術文體的
能力。

　　上文說到了義理、考據、辭章的序列出於價值估量。受制於言說
方式，我們不能不排序，但輕／重原是相對而言。也如本篇開頭已經
提到的，中國傳統的學術，鼓勵義理、考據、辭章三者作為能力的均
衡發展；學術文體則力求典雅。有可以學而能，也有非學而能，後者
多少系於稟賦。「非學而能」的，就有文字感覺。上文說到了對材料
的感覺不可傳授。對材料的感覺往往正系於文字感覺；對於沒有此種

定、甚至不可能定之論，告訴你他的思路，可供採用的方式及其限度，告訴你無法
「實證」因而只能訴諸想像的那一些，告訴你現有的文獻及研究手段所不能達到的
方面。作者隨時在場，力圖與你交流，而非隱身在文字之後、學術文體的刻板格式
之後，作為一個權威的「我們」，甚至不具身份的敘述者。

感覺者不構成「材料」。新材料的發現賴有思維取向、研究旨趣，有時也基於「文字敏感」。衡度一項具體的研究成果，文體或許只有次等的重要性，而對於學者的養成，文字能力卻可能有關鍵意義。在一個文學研究者，文字感覺與文字訓練，決定了他能否真正進入文學，以及在文學研究中所能抵達的邊界。古代中國人發展出了極其精微的感知文字的能力。令人痛惜的是這種能力的普遍喪失。即使文學評論、文學研究，也在日益「技術化」。撮錄所謂的「關鍵字」，不過是完成論文的一道手續，被技術性地對待；關心只在語義，與語感無關。文字感覺的鈍化，不可避免地削弱著對於文學的審美能力，對文學文本的文字層面的分析能力，將分析「細化」的能力。我在其他場合提到了「士文化中的精緻品味的流失」，人的自我認知能力的退化，對「人」的感知的鈍化；這裡應當說，對於文體的細膩的鑒賞、分辨能力，也如人倫識鑒一樣地在流失中。不講求文體，似乎成了「學者」的特權。讀書界對於學術文字的粗率或佶屈聲牙，也視為當然，恬不為怪。

　　語感，或許是文獻在歲月中最先磨損的東西，我相信歷史的感性面貌存留了一些在文字間不止指文字所指涉的，而且指文字本身的組織。如若沒有對文字的敏感，文獻中的某些層面就不會向你打開。對文字的敏感，不但有可能成為一個文學研究者最顯然的專業優勢，也一定有助於對歷史文獻的讀解，即如有助於你經由惟你才能發現的幽暗通道與古人溝通。這聽起來像是一種神秘的能力。錢穆所謂「微窺而知」，我猜想也正憑藉了這種能力。文學閱讀、文學研究有助於培養這種能力。當然，有必要作語言學、修辭學的訓練，廣收博采，由輸入的理論中發現適宜的分析工具，以便穿透文字直達「紙背」，發現文本中的「留白」，窺見敘述的諸種縫隙，察知其間的文字策略，等等。

　　文本細讀，在文學研究者，自應屬於基本能力。前幾年對細讀的提倡，多少針對了「印象式批評」。「印象」難免於籠統。此種批評在上個世紀 80 年代的流行，多少也緣於細緻辨析的能力與訓練的缺失，以及缺乏相應的理論工具、手段。但「印象式批評」自有其根據和價值。直覺有可能捕捉到某些依現成的「工具」、「手段」不能捕捉到的東西。當然，有浮泛的印象，也有極富洞察力、穿透力的印象。「印象式批評」這一名目，有可能成為對平庸、缺乏分析能力的辯護。分析能力是有賴訓練的。以直覺、印象為理由拒絕訓練，也就拒絕了更加豐富多樣的可能性。確有所謂的「專業讀者」；他們與普通讀者的不同，在於他們的鑒賞與判斷有可能（即使並非必須）訴諸明晰的表述。僅有印象、感覺是不夠的。「專業讀者」應當具備分析其「印象」、「感覺」的能力。

　　研究中國現代文學，除了力圖「回到現場」，還要有可能被文本本身所打動，被文字間的才華所吸引，即使那才華是星星點點地閃現的，並非爛若雲錦。這會使你對前代作家多一份尊重，不至於一味苛求、「酷評」。在臺灣版的《論小說十家》的後記中，我說，寫作收入那本書的諸篇時，我曾力圖捕捉與傳達閱讀中的感受，尤其對文字的感受。文字印象本應屬於閱讀中最基本的印象；而傳達那些印象的努力，將朦朧地感覺到的訴諸文字的努力，又推動了向「作品世界」的深入。我提到過，「某些言論材料的被我選中，也因了富於感染力的表達」（見本書「代後記」）。這裡還應當說，某些題目寫作的緣起，就因了被文字所吸引。寫傅山，就出於對傅氏那種特別的文字組織的興趣。這裡的「特別」非即通常所謂的「美」，更未必是被公認的「美」；你何以被觸動，並不總能付諸說明。曾經寫過一組散文，題為「閱讀經驗」，其中說到對於文字的猶如對於肌膚的感覺。你被某種文字吸引，若有宿緣，確也近於神秘體驗；在我，也是學術工作中

稀有的時刻，正如行旅中對境而怦然心動、驟然感動，卻無以名狀；感動的發生不需要先兆，事後也無從解釋。在這意義上，才能說「邂逅」、「相遇」的確也是一點緣分，可遇而不可求。

史學研究也需要文字文本的細讀。既要「動手動腳找東西」（傅斯年），力求「發見」新材料，又「對重要的書踏踏實實地用功細讀」（吉川幸次郎語，見 339 頁注 4），以圖有所「發明」。王汎森在《中國近代思想文化史研究的若干思考》一文中也談到「深刻、縝密地閱讀」。「深刻、縝密地閱讀」並非誰人都能。閱讀難免有方向，被暗中誘導。抵抗過於順暢的理解，及時捕捉陌生資訊，並非不需要自覺的努力。事實是，閱讀也如做學術，你的全部知識準備都有可能參與其間。我自己就痛感受制於學養，難於進入隱秘的語義層面，不能破解某些含義隱晦的象徵、隱喻。某種情況下，即如在「遺民研究」的場合，這種能力顯得出奇地重要，而你的知識方面的缺陷也就格外嚴重。

在文學創作中，用何種方式敘述，至關重要；在學術活動中，用何種方式說，遠不如說出的是什麼重要。文勝質，或以艱深文淺陋，都屬本末倒置。推薦一種自測的方式，即為自己的論文、論著寫提要，看能提出什麼樣的「要」，以至有沒有「要」。另一種自測手段與此相仿，即芟夷枝葉，用質直的方式說，看說出的是什麼。你的學術貢獻多半只是一點，即你的論文賴以立基的那一點。華麗的措辭，不足以為論文增重。說得漂亮遠比說得透徹容易，而且易於得彩，卻經不住時間，也經不住學術眼光的審視。明晰，準確，是論說文體的基本要求。當然在此基礎上，不妨追求洗練、典雅。「生動」是為了達意，以「不害意」為度。在這方面要慎用「才華」，避免「橫溢」。陳老蓮再三臨摹周昉的畫，別人說所臨已超過了周，陳說，這正是自己不及周之處。自己的畫易見好，因此「能事未盡」；周則本至能而若

無能，也就難能。[6]這意思豈不值得玩味？中國古代文論、畫論每每說到避熟、滑，其中有得之於經驗的智慧。為文亦然，治學也一樣，寫得太熟，太無阻力，太易見好，就需要警戒。

學術文體有必要也值得訓練。對於學術，文體並非「決定性」的，但不可模仿的卻又往往是文體。所謂「訓練」，不應當止於形式上的模仿，寫「似論文」的東西，而是力求經由文體，把握「學術方式」。學院與非學院，這種二分有點簡單籠統。學院式的訓練自有其意義；學院式論文的功用難以取代，比如難以用隨筆劄記取代。不同的文體各有功能也各有限度。前不久有機會將舊作《易堂尋蹤》與作為附錄收入《制度・言論・心態明清之際士大夫研究續編》的《易堂三題》印在一起，合成了較完整的我關於江右易堂的研究（即由中國文聯出版社出版的《聚合與流散關於明清之際一個士人群體的敘述》）。該書的隨筆部分（《尋蹤》）與論文部分（《三題》），分別處理了物件（易堂）的不同面向，或許可以用來注釋我有關文體的理解散文隨筆與論文各自的限度，它們進入物件的不同方式，它們間的功能區分、彼此的不可替代。也是在近期出版的散文集《舊日庭院》的後記裡，我說，「對自己所寫，我更珍惜的，仍然是論文，不止因時間的投入更多，也因在論文提供的空間中，我關心的題目，有可能較為深入地討論。我對於『學術斫喪性情』的說法，不那麼認同。它不合於我自己的經驗。運用何種文體，在我看來，並不那麼重要，重要的是其中盛載了什麼。散文有可能與『性靈』無干，甚至示人以卑瑣；論文也不妨充溢著生命感，是別一格的『美文』。」

---

6 毛奇齡《陳老蓮別傳》記陳氏「嘗模周長史畫至再三，猶不欲已。人指所模畫謂之曰：『此畫已過周，而猶嗛嗛，何也？』曰：『此所以不及者也。吾畫易見好，則能事未盡也；長史本至能而若無能，此難能也。……』」（《西河合集・傳》卷七，乾隆二十六年，蕭山書留草堂刊本。陳老蓮，陳洪綬；周長史，周昉，工仕女）

　　我以為值得鼓勵的是，既尊重學術文體的基本要求，又力求由僵硬的形式、程式中突圍，在規範的限定中尋求表達的多種可能包括自我呈現的可能。儘管學術文體從來不是為了呈現自我而創設的，你卻有可能既深入物件又深入了你自己的內心，在無意中鑄入自己的心性。

　　對於一種「學術作品」，決定的不但不是文體，甚至也不是「方式」。在更高境界的學術，使用何種文體即使文學表達，華彩樂章都不影響其價值，無妨其為學術。但對於我們這樣普通的學術工作者，學術文體的運用，學術方式的掌握，卻絕非無關緊要。天才可以不受制於法度，有所謂無法之法，但我輩不行。對於尚未能進入學術者，學術方式以至學術文體，可能是決定性的，即如決定了其人能否入門。「規範」從來專制、壓抑；考慮到本書預期的讀者，我仍然要說，沒有規矩即不能成方圓。卡爾維諾在其關於文學的講稿中，引用了某位作家的一段話，其中說到「在寫悲劇時遵守一定規則的古典作家，要比那種把進入腦中的無論什麼東西都寫下來的詩人更自由，後者把自己變成他自己對之一無所知的其他規則的奴隸」（《新千年文學備忘錄》中譯本，頁 123，譯林出版社，2009），也可以移用來說其他種寫作。

　　已經有越來越多的關於科研體制之為壓抑的談論。卻也不妨承認，體制也方便了「生產」、「製作」你可以操練得純熟之極；在這種時候，毋寧說是一種令人舒適的壓抑。真能感知壓抑的，從來是較為自由的心靈。我自己也體驗到了「壓抑」的「舒適」，尤其在創造力衰退之時。「規範」是雙刃劍：既有利於汰除非學術，又便於掩蓋平庸。其實我明白，我對「規範」有一種暗中的愛好，儘管由別人看來，我比較不受「學院式」的束縛。我是守紀律的，喜愛整飭、嚴整，對《世說》中所謂「風格秀整」不免心儀；不大能欣賞名士氣（更不消說偽名士），喜愛杜甫的律詩、聞一多的新詩，不大能接受

怪異，莫可名狀。至於文體的求新變，乃有意的調劑，略微橫斜逸出，是規矩準繩內的變異，並沒有破壞性、顛覆性，也因此難有大作為，不可能如非常之人的有非常之舉。壓抑從來不止來自制度；還有諸多我們未必自覺、知覺的束縛。「自由」並不比「中規中矩」容易。腳鐐可以為不善舞者提供口實，也可能製造出一種易於操練的舞步。我始終感受著「自由」與「規約」間的緊張。在力圖實現自己的構想時，一再遭遇表述方面的難題。也因此一面力求納入規矩準繩，同時又警戒著被規範「斲喪」生機，時時想「脫縛」，破網而出，喜歡利用一切細小的機會，游走於「正文」之外，「專著」、「論文」之外，嘗試別種表述，其他的可能性，為內容尋找形式（文體，結構，筆調）。不被學術過分塑造，對職業、專業的模塑保持一份警戒，努力騰挪，尋找發展空間，還是需要的。[7]

本篇開頭提到「偏至」、「偏勝」，這裡應當說，寧取此「偏」，也不取「中規中矩」的平庸。「偏」有可能臻於「勝」，「平」則往往無藥可醫。古人說「俗」病難醫，我以為「平」之為病也難醫。當然，偏，即難以有大氣象，但若善用其才，一定能在先天、後天的制約中，舞出一種精彩。陷落在發展的困境中的學人，大可努力破殼、破繭而出，開發自己的勝境。當然如上文所說，應當是全面訓練後的「偏勝」，廣泛努力後的收縮。無論義理、考據、辭章，固不妨偏勝、偏至，學術訓練卻有必要全面展開。

---

7 友人說，我的學術作品中最好的是《餘論》，其次是《附錄》。那些以片段為特徵的《餘論》或《論餘》，無非企圖由學術文體的僵硬格式中逃逸。容納其中的並不就是「邊角料」，也不一定是有意地「點到即止」，而可能是有待發展的思路，或暫時不能展開但希望有可能伸展的點。非體系的零碎的思想並非沒有價值；思想的價值並不取決於表述的形式。

視野、境界及其他
——治學雜談之二

　　較之上一篇，本篇討論的，是一些更「虛」的方面。有務實／務虛的說法。「以學術為業」者固然有必要考慮一些不惟關係學術成果而且關係學術境界的方面，其他接受學術訓練者，也不妨功利而又非惟功利，以便由學術經歷中更充分地、多方面地獲益。

視　野

　　學術史的視野對於學人至關重要。學術史的考察不但是從事學術工作前的必要準備，還應當是日常性的學術工作的一部分：每一項研究、甚至每一個具體工作環節，都以有關方向上的學術史調查為基礎性的工作，這樣才不至於「橫空出世」，「前不見古人，後不見來者」。與課題有關的調查，意義至少在避免重複勞動；更積極的目的，則是確立屬於你的前提、起點，以便與已有的研究構成對話關係。學術工作中何為「創辟」？並非沒有人說過的就是。學術的演進賴於積累無論「學術界」還是個人。意識到這一點，有利於保持上一篇所強調的「限度感」。當然，學術史知識所提供的參照，還有助於形成你自己的學術進路，尤其在被認為「學術轉型」的關頭。錢穆、梁啟超的《中國近三百年學術史》，就寫在轉型時期，至今仍為學人「入門」之所資。

　　憑藉學術史的視野便於自我定位不止於選擇在一時期學術格局中的具體位置，而且選擇與前此的學術間的關係。這是一種有嚴重意味的選擇。為人熟知的《蘭亭序》中有「後之視今，亦猶今之視昔」云云。將自己的學術工作置於學術史的脈絡中，才可能有自我審視的清醒。比如說，不會用了衡文的尺度衡量學術，滿足於將學術當文章

做，以辭采華麗自喜。文體、修辭對於學術絕非無關緊要，評價學術卻仍然另有標準。那麼就有必要問何為學術，學術價值與學術貢獻緣何確認。

傳統的學術史體裁，「學案」之外，另有「學譜」、「師友記」等，均意在清理學術淵源，呈示所涉人物的為學次第，成就一個學人的諸種條件。有志於學術者讀一些優秀學者的「學術自述」、「學術傳記」，會大有裨益，有助於開啟思路，尤其在需要作出選擇的關鍵時刻。那些「學術自述」、「學術傳記」中有個性化的學術史，更有與一個生命血肉相連的學術史。由此不但可以「取徑」，也可避免重複某些失誤。「為學次第」（為學的順序、步驟），屬於治學的初階，卻有可能決定了你最終抵達的邊界。你當然願意「取法乎上」，但你先要確定何者為「上」。此種判斷對於你的學術工作的影響可能是決定性的。章太炎、梁啟超、錢穆的學術史著作，就大有助於學術判斷力的培養。

學科史的清理，是具體的學術史工作。1980 年代的中國現代文學專業曾重視本學科的學術批評。作家研究述評、年度研究述評，不但強化了這一較為年輕的學科的學科意識，且為學科史的梳理進行了積累。但在學術大全景中估量學科，卻始終顯得薄弱。學科史的考察本身也賴有視野，即一時代的學術文化。大學術的視野有可能避免狹窄的專業眼界，「專業人士」所不免的固陋。「文學研究」不是一種專利，尤其不是專業人士的專利。你在具有其他專業背景的智者那裡，會讀到更富於深度的文學分析。我範圍有限的閱讀中，就注意到了當代哲學家、思想家的文學解讀。他們取徑不同，有各自的讀入方式，卻證明了文學藝術（如小說、電影）的闡釋的可能性。正是為了研究文學，你有必要向其他知識領域、學術門類汲取靈感。五四時期有所謂的「為人生的文學」。文學正因關涉的是邊際不明的「人生」，對它

的深入如同對「人生」一樣,需要動員全部經驗與智慧;而經驗與智慧不都是依學科、專業劃分的。

不限於文學研究的 20 世紀學術文化,應當是從事「中國現代文學研究」的必要的知識背景,關於五四新文化運動的考察,卻往往缺少「學術」這一維。那一時期的優秀學人未必「與時俱進」。他們中有些人堅持的是自己的知識立場,而這也正是清理新文化運動所應面對的內容。即如本書中一再提到的孟森,不止與「時代思潮」保持距離,且對那「思潮」持批評態度。其《八旗制度考實》有針對性地說,「今特以科學為不及人,以為受儒家之毒。古之儒者,六藝兼賅,若欲令人於學問中,通一二科學以應事,自是多能鄙事之一。若孟子言:『天之高也,星辰之遠也,苟求其故,千歲之日至,可坐而致也。』則何嘗不知推步之術?然豈肯僅僅與疇人子弟爭一日之短長哉?」(《明清史論著集刊正續編》,頁 205-206)關於自己的《元西域人華化考》,陳垣說:「此書著於中國被人最看不起之時,又值有人主張全盤西化之日,故其言如此。」(《陳垣來往書信集》,頁 818,上海古籍出版社,1991)說的是該項研究中的問題意識,包含其中的與同時代文化運動的「對話關係」。陳、孟的文化立場與學術取向顯然不同於「新文化者」,卻也正可以證五四之後尚有較大的學術空間以「相容並包」。學人的上述宗旨、姿態,直接或間接地出於對於五四新文化運動的反應,參與構成了「新文學」的外部環境。古代中國人強調知人論世。研究文學史不可不知其時其世,研究學術史也不可不知該著述所針對的問題。

上個世紀 80 年代的研究生往往有與「價值」、「意義」有關的困惑。在那篇題為「以學術為業」的演講中,韋伯說,「我們每一位科學家都知道,一個人所取得的成就,在十年、二十年或五十年內就會過時。這就是科學的命運,當然,也是科學工作的真正意義所在。」

（《學術與政治》中譯本，頁 27，三聯書店，1998）如果目標在「傳世」以至不朽，對此自然會失望。韋伯卻說，「過時」「也是科學工作的真正意義所在」。你的「成就感」不妨來自參與了學術文化的積累。問題是，你是否確有貢獻於此種積累？

學術史的視野包括了回顧，也應當包括前瞻，因此不妨同時關注「前沿」。前沿不是在新／舊的意義上。「前沿」非即「新」。但每一時代最生氣勃勃的學術，往往是由未獲得某種地位、盛名的學者做出來的。上個世紀 80 年代的中國現代文學專業曾經有「創新」的誤區；其時的所謂「出新」，有時即刻意立異。但 90 年代以降的這一學科，給我的印象，似乎與人文、社會科學的其他門類了無關涉，缺乏資源的共用，也失去了對前沿性話題的參與能力。我不認為學術有必要「與時俱進」，但也不必畫地為牢。

學術史的視野中一向有「學派」。「學派」以至「門派」可能有利於推進學術，我卻以為宜慎言「傳承」；甚至有必要打破「師承」這一眼界。學術史的清理也不必即以本人所聲稱的師承為依據。不妨嘗試在盡可能複雜的「學術文化環境」、「思想網路」中理解承傳。學術史家說黃宗羲的理學承自劉宗周，又說其人的另一些學問承自黃道周。無論思想抑學術，承啟都有可能線索複雜；所承或更是「時代思想」（雜糅），甚至不明所自。何不對「脈絡」在寬廣的範圍內搜索？所謂「思想史圖景」、「思想地圖」，相當程度地賴有想像與聯想。「章門弟子」中，據說黃侃、吳承仕等人最得正傳，有人卻說，正因了若即若離，不以正宗自許，也不以護法自任，周氏兄弟對其師的承繼才像是別有會心。讀魯迅記章太炎，其人對其師的理解，未必章氏被公推的高第弟子所能及的吧。

我自己不熱衷於認祖歸宗，也不大看重太具體的「承傳」。有師承而沒有門戶之見，不以「門派」、「家法」自限，也不以學科、專業

自限，轉益多師，這一定是我的導師王瑤先生所樂見的。讀到過趙儷生對王瑤及「王門弟子」的批評。一個學人在何種基礎上起步，相當程度地決定了你可以走多遠。較之前輩學者，我所屬的一代人在學養方面的缺陷最顯而易見。這些年中，整體知識水準有升有降，不可一概而論，但降的方面，缺口的確難以填補。進化中的退化，發展中的流失，本是文化演變中的常態；我們所遭逢的「文化革命」與市場化，卻均非常態。在這過程中流失的不止學問，更是一種治學態度，學人的品性。在我看來，一代人會有名家名作，甚至所謂的「傳世之作」，卻不可能有大學問家。有惟我輩能寫的著作，但「獨特」並不即可言「大」。當然，也不必以「大學問家」為目標，否則很可能畫虎不成反類犬的吧。

反思作為態度與能力

　　陳平原在他的學術史課上，要求研究生為「前輩學者」寫學術評論，我因此讀到了年輕學人關於我的學術作品的批評。看到年輕人將我自我反省的文字排列起來，不免暗自驚訝。自己寫過的，有些已經淡忘了。魯迅說過「時時上征，時時反顧」（《摩羅詩力說》，《魯迅全集》第一卷，頁65）；還說「人多是『生命之川』之中的一滴，承著過去，向著未來，倘不是真的特出到異常的，便都不免並含著向前和反顧。」（《十二個後記》，同書第七卷，頁300）我們的確有必要隨時站了開去，審視自己與自己的學術實踐。反省，檢視，也是一種能力，不但影響於治學的境界，也影響到人格的養成。人難免在「風氣」中，反思的態度有助於避免風氣的錮蔽。當然，反思有不同的層次，所及的深淺更有因人之異。[8]

8　寫作本書期間，參與了我的幾位老師發起的活動，為他們年輕時共同編寫的一本關於新詩發展的書尋求反思的視野與方式。他們運用了一種特殊的著述形式，即將早

　　有必要審查、省視影響我們的學術工作的所有因素：環境的，風氣的；制約了你的學術工作的內外條件，包括傳統的與流行的理論、概念工具，你進入一項研究時的基本預設；有時還包括你的學術立場（以及所選擇的「位置」），具體的工作方式、操作規程，以至所使用的文體使你的論述得以展開的所有意識到了的條件。反思還應當包括另有何種可能的方式、可能的視野，等等。這裡關心的不是簡單的對／錯，不是二者必居其一式的路徑選擇，值得追問的，是某一路徑繞過了什麼，以及還有何種可供選擇的路徑。意識到我們賴以進行學術工作的條件，我們所不能擺脫的諸種制約，並不註定了會使人喪失自信。

　　即如對於本書所涉論域，無論元明之際、明清之際，還是上個世紀四五十年代之交，都有必要追問，我們所獲取的有關知識與印象，是賴有何種敘述、言說而生成的？政治史敘述、意識形態詮釋、文學演繹各在其中扮演了怎樣的角色？當我們對諸多材料刪除、選取、粘連拼接時，參照了何種先在圖景？上述問題並不總能弄清楚，但「存此一種思路」，在我看來極有必要：有助於保持「框架」的開放性，維持研究中必要的張力。我們在事實上既受制於近代以來的史學觀念，流行且強勢的意識形態，又受制於「正史書法」，諸種史學慣例，受制於自己時代普遍的認識水準，學風以至文風。我們只能在嚴格限定了的條件下、極其有限的路徑間選擇。甚至縱然我們希望、也難以知曉制約我們的全部因素；但意識到「制約」與對此渾然不覺，是大不一樣的。

年所寫文本置於其中，而以回顧、批評為基本線索。作者之一的洪子誠先生在為該書所寫前言中說，「『反思』主要不是做簡單的自我指責，不是站在對立位置上的意識形態批判，而是在參照思考的基礎上，盡可能地呈現推動這一事情產生的歷史條件，和這些條件如何塑造寫作者自身。」（《回顧一次寫作》，北京大學出版社，2007）

學術史知識有助於形成對於自己的學術工作的反思態度。最明智的選擇基於清醒的自我認知關於自己的可能性與限度。豐厚的學術史積累，高大的難以逾越的前人，富於才華的同時代人：你是在這種條件下工作的。意識到這一點未見得會造成壓抑，卻有助於保持自我評價時的清醒，與選擇時的冷靜。優秀的、有典範意義的學術作品是最好的老師。對於有典範意義的學術作品，雖不能至，不妨心嚮往之，以此打破師徒授受的狹小格局。依我的經驗，最不可救藥的，是不自知其不至，也就無此嚮往，終其一生而不知學術有可能達到何種境界。不妨問問自己，你是否有感受衝擊、震撼的能力？如果你不曾有一次或幾次被別人的研究所震撼，感受到強大的衝擊，因而產生對自己的學術水準、境界的懷疑，那麼你有可能終於不能真正地「進入」學術。震驚的經驗，自我懷疑的經驗，是有益的。有的人像是「先天地」缺乏此種能力，不能察覺距離，認識差別，也因而不能從別人那裡受益。「學術自覺」賴有反思。在我看來，不對自己的論述「堅信不疑」，是一種較好的心態。你有可能隨時準備著質疑、校正，至少是豐富、補充。

經驗、經歷之於學術

既然不可能真的「空著雙手進入歷史」，那麼你選擇「進入」時的知識狀況與經驗、經歷，你在生活中業已形成的敏感與關切，就至關重要。經驗嚴格地說，是經了反思的經驗肯定是一個學者極其珍貴的東西，不但有可能造成學術工作的獨特取向，且有可能使學術作品浸染個性魅力。但經驗的意義仍然有因人之異，只能聯繫於具體的學術實踐來說明。而由經驗、經歷到學術，其間有諸多仲介，作為過程難以追溯，更不必說完整地呈現，儘管諸種學術自傳、學術傳記，以及師友記等等，均以查找、呈現此種線索為一部分目的。即使創作，

更直接地以經驗、經歷為底子,那經驗、經歷也經了記憶的篩選,以及文體、修辭方式等等的改造,而不再是它們「本身」。我之所以不試圖解釋一項研究的「緣起」,也因了解釋的困難。你的全部既往經驗、閱歷、知識與觀念都有可能參與了一個具體時刻的學術選擇。

我所研究的明清之際,正是那一段「遺民心事」、遺民所選擇的生存之道,使他們的著述在精神上與清代學術(通常以乾、嘉之學為標誌)區別開來。無論梁啟超還是錢穆,都強調這種區別,強調掩蔽在文字、著述間的精神意氣的不同。這種不同,非學究式的學術史考察所能察覺。於是你讀出了梁、錢文字間湧動著的激情。值得敬畏的,就有前輩學者讀學術的方式,即如從中讀出精神意氣以至世道人心。「誦其詩,讀其書,不知其人,可乎?」(《孟子・萬章》)由此也可證所謂「學問」,與世事本非兩件事,只是「學者」將它們做成了兩件事而已。

由前輩學人看,人事歷練的有助於學術,是無可懷疑的。陳垣早年曾加入同盟會。孟森也有豐富的政治閱歷。相信他們與政治有關的經歷、經驗,與後來所專精的學術,絕不會無關。那些活動對於他們的意義,當不止於閱世,而是暗中影響了他們的學術取向,從事學術的志趣與旨趣,至少影響了他們面對中國歷史時的態度。更不必說稍前的章太炎。魯迅以為章太炎的業績,「留在革命史上的,實在比在學術史上還要大」,自己當年去聽講,「並非因為他是學者,卻為了他是有學問的革命家」(《關於太炎先生二三事》,《魯迅全集》第六卷,頁 545、546)。學者與革命家,兩種角色、身份,兩方面的活動,未見得相妨。古代中國有所謂的「粹儒」。成「粹」的條件,想必是去除雜質。我所研究的明清之際,被指為「粹儒」者,往往乏味。張履祥即一例。學者也不必求「粹」。即陳寅恪,又何嘗是純粹的書齋動物!在我看來,《柳如是別傳》就足證其人的深於世故。(當然,如若

確能「粹」，應當算得當今的珍稀品種的吧。）我相信學術之外的活動不但有可能不妨礙、且有助於「成就」一個學人。尤其沒有必要為求「粹」而「去政治」。就學術研究而言，人物的政治性存在不需要特殊關注，也不必刻意回避尤其面對中國現代文學，以及明清之際。學人、學術與自己的時代政治是重要的一維。余英時《朱熹的歷史世界》一書，副標題即「宋代士大夫政治文化的研究」，可見政治、政治文化在其所呈現的「歷史世界」中的分量。應當承認，迄今為止我所面對的，的確也更是政治視野中的「明清之際」，這種視野並非與其他視野不相容，因此我不認為自己有必要作非此即彼的選擇。

《讀書》雜誌開設過一個欄目，「文本內外」，維持的時間不久。我猜想因了稿源不足。這裡的難點或在「內」、「外」間的聯結。對於文學研究者，「文本細讀」不止賴有工具，也取決於能否深於人事，體貼人情；工夫不止在推敲揣摩字句，也在能否讀入文字間的空白處，讀出文字之外、文字背後。這樣看來，「文本內外」的「外」就不限於背景材料、「相關連結」，也並非就是「本事」，還包括了文本間接透露的資訊，要求憑藉人事經驗，經由想像力捕捉。高明的專業讀者有可能以其解說彌縫空缺，將作者所不言者形諸文字，使「空白」可視可聽，甚至發展出更為複雜豐富的語義空間。在這種讀解中，內、外的界限也將變得模糊不清。

憑藉了 20 世紀知識份子經驗的特殊性去讀古人，會發現古人與今人並不真的那麼相遠。你與古人、古代知識人確有可能心意相通。你的經了反思的經驗、經歷，有助於你讀人那人那心事，確也在文字間，有待於後人辨認。錢鍾書曾批評陳寅恪的以詩證史。但由詩讀人則是另一回事。不妨說，任何表達都可以作為讀人的材料，包括粉飾，以至作偽。

我相信閱世閱人有助於讀史，卻以為對「經歷是財富」這種流行

的說法，須作限定，即如經歷在何種意義上可以作為「財富」，有可能成為「財富」。我尤其不能苟同於將「苦難」合理化，以至詩意化。不止我所屬的一代，因連綿的「運動」更因「文革」而荒廢，有了諸種知識以及訓練方面的缺失，上述說法不失為安慰，可以據此相信「命運」尚有公正：你的「經歷」以至「苦難」得到了補償。我卻寧願年輕的學人沒有那一種經驗，也不必憑藉那一種經驗。他們自有經驗，而區分在於能否思考。經歷只對善於思考、有反思能力的學人有意義。

唐順之曾說過，「學者非無痛癢之為貴，而以真知痛癢為先」；「今之學者，病在遍身麻木，全然不痛不癢」（《與蔡子木郎中書》，《唐荊川文集》卷四）。當然唐氏所謂「學」指學道，非即「問學」；所說「學者」，與本篇所指不同。但以為「學」應切身，於今之所謂的「學人」，是否也對症？學術可以不直接面對「社會」、「時代」，但學人不可不有此關懷（亦一種痛癢相關之感）。在我看來，這關係到「學」的內在品質與境界。

我在臺灣友人主編的集刊《思想》第二期上，讀到陳正國先生的一篇文章，其中談到「生活意義與工作的分離，是現代民主社會的常態。人文也往往變成只是一項工作。而且相較於其他行業，它是很沒有經濟生產性的工作。這種結構性的專業化，反過來加強了人文學者的自我異化。人文的精湛表現方向，越來越傾向在綿密的注腳、考證、版本的比對上；簡單說，就是現代的經院學風上。」「人文學的衰落的最深刻的表現，就在對價值的不可、不能、不會言說；簡單說，就是深刻思考的缺席。如果某個民主社會主導價值議題的人常常不是人文學者，那這不是別人的錯，而是人文學者本身的問題。」（語見該期頁 248、251，臺北：聯經出版事業股份有限公司，2006）當然，在我們這裡，問題有更為複雜的性質。但人文方面的疾

患是具有傳染性的；該文所說的「民主社會」中的症狀，在我們這裡也出現了。前現代或「向現代」的中國，不是也提前呈露出後現代文化的病象？

本書上文曾談到明清史研究中的「立場」問題。我自己也體驗過物件誘你作立場選擇的那種情況。我的體會是，過分「投入」與局外態度各有其弊。我在自己的研究中力避影射。不影射不意味著忘情。對現實發言本可以有多種方式。我確信經驗、經歷與現實關懷以某種方式參與了我的學術工作。知識者與學者的角色並非不相容，對學術價值的追求與現實關切並非不相容。當然，現實關切不應當被作為貶低學術、學術性的藉口，「知識份子使命」不足以也不必用作貶抑「學人」的口實。這裡並不適用孰先孰後、孰重孰輕的估量。古代士大夫有「儒者」、「文人」等角色，不妨一身而二任；以至兼有「官員」這一種身份，並不以為會導致人格分裂。學術只是人生中之一事，學人也只是一種身份，無妨於從事他事（如社會考察、社會批評以至對政治的參與、干預），具他種身份。但對學術、學人，固有評價尺度，不因他事、他身份而有不同。

至於以學術「參與」、「干預」，則關涉學術工作者的職業倫理。在上文所引韋伯的那篇著名演講中，他說：「講臺不是先知和煽動家應呆的地方。對先知和煽動家應當這樣說：『到街上去向公眾演說吧』，也就是說，到能聽到批評的地方去說話。而在課堂上，坐在學生的面前，學生必須沉默，教師必須說話。……」（《學術與政治》中譯本，頁 37-38）對此我想到的是，學者的確需要自律，卻也有必要警惕過分的自律，以至將某種他律內在化了。

學者的學術工作與其他社會實踐，他們的現實關懷與作為學者的職業倫理、從事具體研究的工作倫理，20 世紀已經有了不少大知識份子的示範。至少可以相信，學術所要求的深度思考，有助於磨礪思

想，使對於「社會」的認知入深。如果再考慮到學術工作對於人格的滋養，那麼這種活動對於一個有「社會責任感」的知識人的積極意義尚不止於此。由此不難想到學術工作的作用於學人自身。「子曰：古之學者為己，今之學者為人。」（《論語‧憲問》）為人／為己，是我不厭重複地提到的話題，涉及從事學術研究的目標意識。以自我完善為目標，在我看來，與干預、參與也不相妨。它們都區別於「為學問而學問」，由不同角度回應了「價值議題」。中國的士大夫的傳統中，從來有道德的自我修養與事功追求兩面的平衡。反求諸己，並非總是無奈的選擇。我曾分析過明清之際士人的「經世」、「任事」與「自靖」，後者即盡其在我，求心之所以安。將「自靖」作為目標，也才能「知不可而為」。可惜的是，這一種傳統，已被當代知識人所廢棄。在市場化的空氣中追求自我完善，難免要被一味講求實用、功利者視為迂闊的吧。

上一篇談到了為學術研究所需要的諸種能力的均衡發展，這裡要說，這種均衡也正有助於造就健全的人格，較為全面發展的人。為學術研究所需要的能力，無不屬於人的基本能力；為學術工作所要求的素質，也應當是人的基本品質，都關乎人格的養成，人生意境的營造。古人好說「作人」，說「興起」、「長養」人才，在我看來，堅韌，勤勉，深沉凝重這類品質，就有可能在「治學」這一種職業生活中養成。事實是，你的每一項研究都可能有助於自我開發，包括發現自己的潛能，前此未被認識的可能性。經由物件發現自己，經由學術提升、完善自己也既功利，又非惟功利。甚至關心公共事務的一部分動機，也不妨在自我完善：何不給自己的活動以更廣闊的空間或背景？

與此相關，做學術者難免為學術所「做」。你的這份職業不經意間浸染了你的人生。當然任一職業都會作用於從業者，只不過作用的途徑與抵達的深度互有不同而已。即使僅以探究學問為目的、以學術

自身為目的,對學術持純粹的職業態度,也仍然不免於被塑造,承受你所從事的活動的後果。你與研究物件、與你的學術活動彼此作用,相互「進入」;你與更廣大的「外在世界」的聯繫也賴有此種「仲介」。在我看來,學術研究的從業者不妨有此自覺,作為「反思」的一部分內容,以便保持自我審視的清醒。

我自己所體驗的學術之於人生,其意義也既有正面也有負面。你的世界有可能被你的學術工作擴大、同時被其縮小。你因過分專注,失去了對更廣泛的問題的敏感與反應能力。我曾一再提到「代價」,其實並不曾深究,比如在有所收穫的同時,究竟放棄了失去了什麼;如若任何一種生存方式都不能免於殘缺,那麼我所選擇的生活,在何種意義上是殘缺不全的?

境　界

我們的古人實在高明,創造了諸種精緻的表述方式,使得一些微妙的經驗得以傳達。即如「氣類」、「流品」,另如「氣韻」、「氣象」。可惜的是與這些概念相關的辨識能力,已普遍退化。對「文如其人」有諸種質疑。文固然不必定如其人,但在修辭的層面,其人的氣質品格,確有不能掩者。在這種意義上,說文如其人亦無不可。學術也如是。境界系於人格。道德人格與學術水準的關係並不直接,卻最終決定著學術境界。在這種意義上,學術也如其人。在無行的學人,難以掩蓋的,也就是「品」的卑下(如古人所謂的「鄙倍」)。學人在學術中是難以隱身的。觀點、具體表述之外,將你暴露的更是趣味、格調,除非你所做的,是批量生產的所謂「學術」,或純粹的「技術活兒」。魯迅引別人的話:「人和人之差,有時比類人猿和原人之差還遠」(《論睜了眼看》,《魯迅全集》第一卷,頁239),征之我們的經驗,誰曰不然!

　　人文學科的學者的職業倫理不限於「底線道德」（比如不剽竊、抄襲）。除了「好」、「壞」一類價值評判外，學術有時更適於用「境界」、「氣象」等衡量。境界、氣象不止系於訓練、能力，以至才情，還系於其人的人生態度，人格面貌。人文學科的研究是一種要求個人的精神投入，甚至與「從業者」的內心生活密切相關的活動。以此為線索讀學術史，辨認「境界」、「氣象」，有助於在起步之初形成自己的目標。對於學人至關重要的「學術判斷力」，關係「境界」、「氣象」，最是要求識別力的精微。

　　也有一些不那麼「內在」、與心性不直接相關因而較易於區分的境界，即如博／約，博雅與專精。從來有通才有專才，有博雅之士，有專家之學；途徑既分，評價尺度即有別。但無論博還是約，仍各有境界的高下。錢穆寫學術史，贊同黃宗羲所說的「讀書不多，無以證斯理之變化；多而不求於心，則為俗學」；引章學誠所說的浙西（顧炎武）尚博雅，浙東（黃宗羲）尚專門，為學須本性情；批評顧炎武所謂的「博學於文，行己有恥」，將「學」、「行」分成兩橛，其後的考證之學，專趨顧氏博學一邊，「至於行己則有恥已得，不復深求」（《中國近三百年學術史》第二章，頁 31），強調的無非「學」與「心」與「行」的相關。錢氏比較清初顧炎武、黃宗羲、王夫之等人與清代學者不止於乾、嘉考據學，也包括與顧、黃、王大致同時的閻若璩等人，其間的區分正被歸結於「氣象」、「境界」。

　　章學誠說：「夫學有天性焉，讀書服古之中，有入識最初，而終身不可變易者是也。學又有至情焉，讀書服古之中，有欣慨會心，而忽焉不知歌泣何從者是也。功力有餘，而性情不足，未可謂學問也。性情自有，而不以功力深之，所謂有美質而未學者也。」（《文史通義校注》內篇二《博約中》，頁 161-162）性情也要滋養的。功力可由用功而得，性情卻不能。但性情仍然不就是宿命。

　　倘若本於性情，則方向不同的極致的追求，都有可能造就奇觀。
我說的是「極致的追求」。這種追求從來罕有。無論對於「義理」的
窮極求索，還是考據中的務求「一網打盡」，都屬於我所謂的「極致
的追求」。僅僅「坐冷板凳」還不夠，如上一篇所說，還要能在一個
方向上持續思考、持續積累，力圖無「餘蘊」、無「剩義」。我已經提
到了「偏勝」。顏元說，有全體之聖，亦有「一節之聖」；「全體者為
全體之聖賢，偏勝者為偏至之聖賢」（《存性編》，《顏元集》頁 10、
頁 31，中華書局，1987）。「偏勝」、「偏至」有可能成就一境界，而
我欣賞的，毋寧說更是精神品質，那種務求抵達能力的極限的鍥而不
捨的強毅，功業、成就倒在其次。「士不可以不弘毅」。據說西南聯大
以「剛毅堅卓」為「校訓」非惟戰時，平世也有必要培養這種品質。

　　為《明清之際士大夫研究》寫《後記》，引了清初梅文鼎自述治
學甘苦的一段話：「鄙性於書之難讀者，不敢輒置，必欲求得其說，
往往至廢寢食。或累日夕不能通，格於他端中輟，然終耿耿不能忘。
異日或讀他書，忽有所獲，則亟存諸副墨。又或於籃輿之上，枕簟之
間，篷窗之下，登眺之余，無意中惝然有觸，而積疑冰釋：蓋非可以
歲月程也。每翻舊書，輒逢舊境，遇所獨解，未嘗不欣然自慰。」
（《續學堂文鈔》卷一《與史局友人書》，《續修四庫全書》集部別集
類）梅氏自我刻畫的，正是那種念茲在茲、鍥而不捨的專注與執著。
接下來梅氏說，自己經由繁難的求索所達到的「易簡」，卻有可能被
認為平淡無奇，「豈知其臻茲易簡，固自繁難中出哉！」

　　「職業」不同於「志業」：所設目標不同，自我期許不同。無論
以學術為「職業」還是「志業」，都不妨以此為品格的磨礪，更進而
追求不為狹隘專業、職業所限的大境界、大人格。顧炎武說過的「以

廣大之心裁物制事」，和《中庸》的「致廣大而盡精微」，[9]是我喜愛的話，儘管不曾銘諸座右。私心喜愛的，還有魯迅所說的「無窮的遠方，無數的人們，都和我有關」（《「這也是生活」⋯⋯》，《魯迅全集》第六卷，頁601）。我嚮往上述境界，雖未必能至。年輕學人倘若真的有志於學術，有必要在起步之初思考一些據以安身立命的東西不限於古人所謂「三不朽」之一的「立言」之類。學人有可能以學術拓展生命，而不必以「學術」自限。

　　在高校與年輕人對話，涉及的話題中，有京滬與「外省」。其實在我們這裡，並沒有18、19世紀法國或俄國的巴黎、聖彼德堡與所謂的「外省」。牟複禮就說過，「歐洲文化生活中存在過的與『都會』相對的『外省』概念，可能在中國也並未存在過（特別是自唐以後）。」（《元末明初時期南京的變遷》，施堅雅主編《中華帝國晚期的城市》中譯本，頁132）京、滬與「外省」的差異，是近代歷史與當代政治的結果。我對年輕人說，不必有「外省」的自卑；或許正因出身「外省」，更有可能沉潛、執著，[10]也更易於保持與「生活」的聯繫。顧炎武比較「北方之學者」與「南方之學者」，說前者「飽食終日，無所用心」，後者「群居終日，言不及義，好行小慧」（《日知錄》卷一三《南北學者之病》）。魯迅說據他所見，「北人的優點是厚重，南人的優點是機靈。但厚重之弊也愚，機靈之弊也狡。」（《北人與南人》，《魯迅全集》第五卷，頁435-436）僅僅「機靈」不足以言「智慧」，更無論大智慧。文壇、學界太多巧人、機靈人，太少強毅、堅忍、沉著。關於書法，傅山說的是「寧純（鈍）無利，寧拙無

9　顧氏《答王山史書》有「君子以廣大之心而裁物制事」云云（《顧亭林詩文集》，頁83）。《中庸》：「尊德性而道問學，致廣大而盡精微，極高明而道中庸。」

10　《書·洪範》：「高明柔克，沉潛剛克」。古人有所謂「天姿近道」（或曰「氣質近道」）的說法。我相信「沉潛」最是學術對於從業者性情、品質的要求。

巧，甯樸無嫵」（《喜宗智寫經》，《霜紅龕集》卷二二，頁 619），此義不是誰人都能懂得。寧鈍（非「愚鈍」的鈍），勿巧滑；不但以勤補拙，而且相信「鈍」、「拙」也自有一種正面意義，有可能被由積極的方面利用。即如不那麼容易被風氣所轉移，保有較為穩定的價值取向與心態，所謂「江流石不轉」，有一點定力。當然，對「風氣」無須一味排拒，不妨在其中又在其外，持批評態度，又不拒絕由風氣中得益新的學術視野有可能因風氣而打開，儘管往往另有遮蔽。

因了資訊的發達，資源的共用，舊有「文化中心」、發達地區與其外的差距正在縮小中。只要你確有願望，你就有機會向一切優秀的學術成果學習。道乃「天下公共」，學術為「天下之公器」。沉潛、執著而又力避隘、陋，不存古人所謂的「方隅之見」，包括了不貴遠賤近，不藉口「本土」而拒絕域外。[11]大胸懷，大眼界，會在這過程中打開。

我自己也曾體驗過「外省人」的自卑。倘若借用那個關於狐狸和刺蝟的著名比喻，我只能是後者，易「凝滯於物」，[12]思考往往固著在某些點上；不耐搜剔爬梳，材料的搜羅範圍不廣；對文字過於挑剔，也有妨於進入研究狀態。氣質、資稟所限，是治學風格上的刺蝟。即使如此，得失也不易論。說句解嘲的話，或許是於焉失之，也於焉得之。

---

11 我曾反復談到我自己學術研究中資源的匱乏。直到近來，讀一些譯著的徵引書目，仍不能不望洋興嘆。在這種情況下強調「本土」，無異於自我解嘲。我相信我們的學術工作確有不可重複、不可模仿之處，卻既應善用所長，又有必要不放過一切機會補所短。生活在這裡與「生活在別處」的不同，並非就可以用「本土」描述。經驗與感覺的特殊性更有賴於「發現」，非由「本土」現成地提供。

12 魯迅在《思想‧山水‧人物題記》中說，「……人必須不凝滯於物。我以為這是無論做什麼事，都可以效法的，但萬不可和中國祖傳的『將事情不當事』即『不認真』相牽混。」（《魯迅全集》第一〇卷《譯文序跋集》，頁274）

尋找入口（代後記）

　　事後看來，我的「進入」明清之際，略有一點偶然性。

　　謝國楨自序其《明清之際黨社運動考》，說他因了讀全祖望的《鮚埼亭集》，而有對「明季掌故」的興趣：一段學術因緣就肇端於此。我也有類似的經歷。1992-1993 年冬春之交在香港中文大學的圖書館讀全祖望，應當是後來所作明遺民研究的發端。發生在那間圖書館裡的，是一個研究者與物件間的遇合。其實《鮚埼亭集》並不稀見，不必到香港才能讀到。我只是碰巧在那裡閱讀並被其打動而已。由全祖望，我領略了一個傑出史家的文字魅力，文字間的情緒感染力。梁啟超說過，「若問我對於古今人文集最愛讀某家？我必舉《鮚埼亭（集）》為第一部了。全謝山性情極肫厚，而品格極方峻，所作文字，隨處能表現他的全人格，讀起來令人興奮。」（《中國近三百年學術史》，頁 198）[1] 不消說你絕非毫無準備地被打動。這裡有所謂的「宿緣」。你既有的經驗積累，已有的思考，準備了你與全祖望的遭遇，與明遺民的遭遇。當然，倘若沒有機緣，你也有可能與物件交臂失之。學術工作中並非隨時有這樣的邂逅，邂逅之後的故事也有可能稀鬆平常。你把捉不了那物件，只能眼看著它遠去。更何況你的興致註定會在時間中消磨。一旦物件成為純粹的「物件」，你的激情難免會消退，動力有可能隨之喪失。

1　周作人卻說「全氏史學雖精，史家風度則似很缺少」（《關於王謔庵》，《風雨談》，頁78，嶽麓書社，1987）。

　　我自以為幸運的是，後來續有邂逅，比如邂逅王夫之。沒有這番遭遇，某些論題就不可能得到有力的支撐甚至思路也未必能形成。這裡當然也有所謂的「宿緣」。

話　題

　　從事一項研究總要有入手處。具體的題目使你有可能入手。在香港那間位於山上的圖書館中，我有了最初的題目，明遺民外，另如「建文遜國」這一事件。有了入手處，還要有「進路」。進路仍然要摸索。以「話題」而非被認為客觀化的「史料」為分析物件，這種研究進路，有可能暗中受到了「語言學轉向」的提示，同時以個人經驗為一部分依據，即對已有敘述的懷疑，我指的是被過度剪裁修飾了的、過於目的化了的歷史敘述。事後看來，圍繞我所謂「建文事件」的言論分析，使得我的「話題研究」有了更為自覺的方法論的意義。

　　我不止一次被問到，是怎麼想到寫作《戾氣》一篇的。你在事實上很難復原從事一項研究的初始情境。比如你基於何種敏感而選中了某一論題，尤其是，你何以有為選題所需的那種敏感。關於自己，你並非總能說清楚。也如在中國現代文學研究中，我與題目的相遇，通常憑藉的更是直覺，選擇與「戾氣」有關的言論，也因被由文獻中讀出的明清之際的某種精神氛圍、那一時期士大夫的某種精神氣質所吸引。我有必要校正當初的一種措辭，即所謂的「時代氛圍」。這種整體論無疑包藏了危險。較為準確的說法，即上文所說的我「由文獻中讀出的明清之際的某種精神氛圍」。這樣說了之後，仍然有必要解釋，引起你關注的，何以是這一種「精神氛圍」，歷史諸多面相中的這一面相。

　　《明史》中關於明代政治中充斥著的暴力、暴行的記述，有可能

令一個現代人感到震撼。但僅僅有關的印象不足以形成論題，如果沒有接觸到王夫之、錢謙益等人的有關言說的話。王夫之的論述觸動了我的，固然是他關於明代政治的批判，卻更是包含其中的士大夫的自我省察及其深度。他的關於「坎坷」、「疢疾」造成人性缺損、暴戾之於人的隱蔽的損傷的那些話，非特具反思能力、且深於人生體驗即不可能說出，由我讀來，極其沉痛，屬於那一時期最深刻的「命運感」的表達。那裡確有一種宿命的悲哀。緣王夫之的思路，戾氣不止源於暴力暴行，也根於人性的某種陰暗面，即如他所強調的士人心性的殘與畸。我至今也沒有找到相應的白話，譯述王夫之的有關言說；但那一種經驗，當代中國的知識份子應當不陌生的吧。

由此我重新思考所謂「暴力」的指涉範圍，包括通常所認為的暴力之外的暴力、暴力傾向。梳理《明史》的有關敘述，你其實不難由似不相干的現象中，嗅到暴戾的氣息，如薄俸之為隱蔽的虐待，以及回應虐待的士大夫的自虐；另如明儒、明代士人的其他施之於自身的暴力苛酷不情的修煉，對人對己的苛責，以及相互間劇烈的攻訐。我甚至由描述施暴的文字中，讀出了對暴行的沉醉。明清之際士人有關「戾氣」的言說中，有儒家之徒對於「時代病」的診察，他們由特殊角度對危機的感受與設想的救治之道。我在這裡遇到了最令我激動的表述。比如王夫之關於「貧賤憂戚」「玉成」非常之人的成說的質疑。你很難不想到以苦難為「財富」的那種流行論述。由此，我關於苦難的道德意義的懷疑明晰化，原已在積累中的體驗，原已在形成中尚晦暗不明的思路，被研究物件點醒、澄清了。你的一種沉埋已久的經驗，因觸動而蘇醒。那經驗或許正等著這樣的契機，破土而出，否則即有可能永遠沉埋，甚至不被你本人察覺。這毋寧說更是與研究物件間的「互動」。物件不止於被動地被你「處理」，也激發、甚至提撕、誘導了你抽取論題、形成論述的過程。應當承認，當我寫到「摧

殘之餘的正人，不復有『先正光昭俊偉之遺風』，『含弘廣大之道』，其性情心性的殘缺，其『隘』其『苛』，註定了其器使之途的不能廣，體道的不能弘，『正』則正矣，終不能成『天下士』、『社稷臣』，難免感慨系之。寫作該篇，令我心情沉重的，也是這部分論述你感染了那種宿命的悲哀。

這一時段最為活躍的言論，集中於明亡原因的追究。但在我看來更具有反思深度的，是士大夫對於自身的審視。這也更是士人的自覺意識的明證，在這一點上，明清之際的論者提供的思想深度，未必在前此朝代的士大夫之下。我所討論的那種意義上的「戾氣」決非明代特有。我的該篇所涉及的某些表徵，在別一時期也能找到。至於改朝換代中的殘虐行為，也非止發生在明清之際。「戾氣」的被感知，與其說由於明代特有的氛圍，毋寧說更因了某些士大夫所特具的敏感與反思能力。但明代的政治文化空氣仍有其特別之處。與我在該篇所討論的精神現象有關的諸種條件的輳集，確也更在這個朝代。明中葉後，黨爭如火如荼，甚至一向被認為氣質「羸軟」的江南，也為風氣所裹脅，如孟森所說，「以積懦之吳人，攘臂讎奄」（《明清史講義》第二編第六章，頁 308）。「風氣」要醞釀到一定程度，才可能被普遍感知。即使如此，對所處時代的批評態度，也仍然不會自然而然地生成。高度的敏感與警覺，從來屬於極少數的知識人。

王夫之對於常識、對於自己所處時代的流行見解的質疑，無疑出於異稟。長時期裡，這一人物卻像是被哲學（唯心／唯物）、思想史（理學史）、文學（文論）等學科肢解了。關於宋代，余英時說：「從現代的觀點說，古文運動屬於文學史，改革運動屬於政治史，道學則屬於哲學史，不但專門範圍互別，而且在時間上也各成段落，似乎都可以分別處理，不相牽涉。但是深一層觀察，這三者之間卻貫穿著一條主線，即儒家要求重建一個合理的人間秩序。」而道學或理學則應

當看作「宋代儒學整體動向的一個部分或一個階段」（《朱熹的歷史世界》上篇《緒說》，頁 45）。對於王夫之，我自己也只能「片段地」接近，卻相信只有不囿於既有的學科視野，破壁而出，才可能作「深一層觀察」。

永遠有不能進入主流論述的思想，或確屬創辟，或不過是怪論。至於某種富於深度的「非常異義可怪之論」，其「怪」多半是「思想史」排斥的結果。遭遇這種「怪論」，是研究者的幸運。它們或許能啟動你的思考，誘導你深入問題的肌理，甚至據以判斷其時士人的思想所能抵達的限度。這種「怪論」的意義通常不是自明的，有可能不但違拗我們的思維習慣，且觸犯我們的道德感情。值得去做的，不是尋找「合理性」，為古人辯護，而是清理思想線索，將其放回到本來的上下文中，探尋其中包含的經驗內容、背後的歷史邏輯。

那一時代有識者的精英意識，充分地顯示了其特殊的質地。他們的言說隨時為順暢的閱讀設置障礙，也引起驚喜。這一種快感，卻要經由大量的比較才能獲得。那種不期而至的衝擊，為物件所觸發，是學術工作中珍貴卻稀有的經驗。在此過程中，你的經驗得以整理並深化，感覺世界也隨之擴張。當然這種擴張很可能並不有利於「善待自己」，更可能的是，你如魯迅所說的，練敏了感覺去感受痛苦。如若真的這樣，也只能歸之為人文研究者的宿命的吧。

《明清之際士大夫研究》上編諸章節，寫《戾氣》、《生死》、《用獨》，論旨明確；《南北》、《世族》、《流品》則更像是跑馬圈地，經了持續的積累，思路才漸次成形：或終於有了一個賴以凝聚的點，使得零散的材料得以綰合；或難以收拾，終歸散漫。但無論怎樣，材料中要有一點精彩（即警策的言說），那一章一節方可以成立。回頭看，那使你產生寫作願望、找到了論述角度的材料，仍然與你深埋的體驗以及關注的問題有關。你又並非在漫無目標地「圈地」。即如《南

北》，關涉自我認知（南人╱北人）；《世族》背後的問題是，沒有如歐洲的世襲貴族，這一點怎樣影響了明代以降的社會文化面貌？與《流品》一題有關的，則是人事經驗。在我看來，因了士文化中的精緻品味的流失，某些細膩的人事經驗甚至失去了表達的可能；「氣類」、「流品」已成語言化石，《世說》中的人倫鑒識則成了罕見的能力這裡是否有知識人的自我認知能力的退化，對「人」的感知的鈍化？在某高校演講時，有學生問我何為「鄉願」。並非「鄉願」一名所指涉的人格已由我們的生活中消失，而是我們先已失去了分辨這種人格的能力。在我看來，這些並非無足輕重的細枝末節。

　　《續編》所處理的「話題」在我，有更大的難度。正編有些處，寫得興會淋漓，由後來看去不免揮霍；寫《續編》諸題，感到了日漸增強的抵抗。物件在阻止你進入；你必得聚精會神，為克服阻力用了更大的氣力。

　　我不能斷定中國歷史上是否有過「絕對君主制」。至少我所知的明代並不「絕對」。那麼這種非絕對是在何種意義上、受制於何種因素？權力機構內部的制衡，是在哪些環節上實現的？我相信，明清之際贏得後人喝彩的君主論，正憑藉了制度的縫隙。在明清之際這一限定了的時段討論與「君主」有關的論述，不免令人想到思想與經驗的關係。即如當黃宗羲發表他那些被認為驚世駭俗的言論時，其家族血淋淋的記憶是否在起作用。那些生動的個人經驗有沒有可能進入思想史、以何種形態進入？表述的尖銳性最有可能引起注意，背後的經驗內容卻往往被忽略了。儘管回答上述問題超出了我的能力，那卻曾經是我選擇《君主》這一題目作言論分析的一部分動機。我想嘗試將思想放回「歷史生活」。當然事實是，思想的歷史固然不易釐清，思想背後的經驗，經驗與思想的關係，更不易說明。蕭公權說，「就大體言，明代儒學僅為轉變時期之前夕思想，不足以預於轉變潮流之本

身」，同時提起注意：「此前夕之思想實從長期痛苦之中鍛煉而成，並非得之容易」（《中國政治思想史》，頁 529）。「從長期痛苦之中鍛煉而成」，卻又是思想史難以深論的。

由經驗到思想，中間不消說有諸多環節，且難以付諸實證。但「存此一種思路」無疑是必要的。這裡也有「聯想」、「想像」運用於歷史研究的可能性。「歷史」中不能「實證」者正多。但問題仍然有另一面，即不便誇大了「經驗」的意義。通常是，經驗賴有現成的思想形式而尋求表達；即使看起來像是對時勢的直接反應，仍不免有思想發展的內在邏輯在其中。溝口雄三說，「把黃宗羲所主張的民的自私自利，歸因於只是神宗等個人的貪欲也就是歷史的偶然因素，是過於誇大了這個偶然因素的作用。實際上與此相反，應該說，只因主張民有私產之說的高漲，才產生民和神宗之間的如此劇烈的矛盾對抗或對矛盾對抗的自覺。」（《中國前近代思想的演變》下論第二章《明夷待訪錄的歷史地位》，頁 243）孰因孰果，其實仍然難以厘清。

寫作《井田》一題，多少像是與自己較勁。我不得不勉強去觸碰原以為會格格不入的經濟史、土地關係史，背後的動力卻是極其現實的。但我無意於放縱現實關切進入論述層面。處理這對我而言難度較大的論題，並非自覺的策略是，將分析範圍控制在明中葉以降到明清之際這一時段，力圖說清楚其時的井田論討論的是什麼，而不作力不能及的延展；儘管說清「是什麼」，也仍然需要相應的理論準備。為了避免談「是什麼」而僅限於釋義，則著力比較有關的言論材料「語義」（以及隱蔽語義）及旨趣的異同所謂「策略」，往往是不得已的選擇，選擇由你的條件看來最明智的方式。

不刻意繞過「傳統話題」，尤其不刻意繞過某些涉及政治史的問題，不回避所謂的「大敘事」事實上沒有想到過回避；聽從直覺，處理自己的確感興趣的論題，無論該項研究是否與時趨相左，也是一向

的態度。事後看來，對時尚、風氣遲鈍，未必沒有好處，比如避免了在選題方面與別人「紮堆」。

正因論題「傳統」，寫作《續編》下編的「君主」、「井田、封建」、「文質」諸論，不能不陷落在既有論述的重重包圍中，逼你為找到自己的論述方向而格外努力。這也是學術研究中經常遇到的困境。避難就易，避重就輕，有可能意味著放棄在有價值的論題上的試練。小到選擇具體論題，大到選擇學術方向，用了《續編》中《經世‧任事》一章中的說法，似乎應當功利而又非唯功利。看到過一個好題目，「在題無剩義之處追索」。被認為「題無剩義」處，或許正埋伏著「突破」的契機。

至於一再強調嚴格限定時段的重要性，多少也因對自己的局限的清醒意識。朱正先生曾示我以主持嶽麓書社版《船山全書》編輯工作的楊堅先生寫給他的信，其中談到我的「研究路徑系由現當代文學上溯明清之際，實不如從先秦溯遊而下至明清，這樣也許體例將有異於目前，著作面貌亦將隨之而發生變化」。自上而下與自下而上，所見肯定不同。即如關於《明夷待訪錄》，關於其中的君主論，由晚清梁啟超、陳天華等人上溯，與由黃宗羲之前下窺，視角、視野、問題意識均會不同。我自己也明白，由上而下漸次開發，更合於「為學次第」，也更有可能從容裕如。但如上面剛剛說到的，我們其實只能在給定了的條件下選擇，在此條件下努力作較為「明智」的選擇。迄今為止，我的研究主要是橫向展開的，由一個個選取的點向周邊推展，而不能連成線，或推演成全景式的面。這當然也受制於能力與既經形成的學術方式。

在我所研究的這一時段，大量的話題的確是「接著說」，有其脈絡線索。在這種意義上，思想史的構造也是「層累的」。每個稍具重要性的命題都有其歷史，有其演進的軌跡。錢穆說過，「大凡一種學

術思想之特起，於其前一時期中，無不可尋得其先存之跡象。而即其特提與重視，已足為別闢一新局面之朕兆矣。」（《中國近三百年學術史》第二章，頁45）倘若力量不足以用來較為完整地呈現「脈絡線索」，傾注精力於解釋「特提與重視」，也不失為有意義的工作。

不回避「傳統話題」，也因了對材料另有發現。我自己也漸漸察覺到，被我揀拾的，往往是無由進入「思想史」的思想。這大約多少也因並不曾事先為自己的工作依了學科（史學、思想史、文化史等等）框架定位。那些在我讀來精彩的思想、警策的表述，因不能納入既有的學科框架而被過濾掉了。所謂的「思想史」，於宋元以降幾乎等同於理學史，以至大量的思想被既定結構所排斥而不能進入。顧炎武就說過，「性也，命也，天也，夫子之所罕言，而今之君子之所恒言也；出處、去就、辭受、取與之辨，孔子、孟子之所恒言，而今之君子所罕言也。」（《顧亭林詩文集》，頁40-41）長期以來，思想史研究受制於理學框架，所忽略的，就有如顧炎武所提到的某些重要的儒學命題也是更與思想者的人生密切相關的命題。[2]如同史學家的追問誰進入「歷史」，以何種理由、何種形態進入「歷史」，也有必要追問什麼「思想」進入思想史，被組織在怎樣的序列、系統中。我猜想思想史研究的「西方中心」，或許就表現在是什麼樣的問題，怎樣的問題意識。針對於此，不妨努力去避免剪裁思想以就結構，而是調整架構以容納思想。在既有的架構外，識別何為有價值的思想，不消說仍然要賴有未必意識到了的視野，而不可能無所憑藉。我們關於思想、

---

2 但我仍然認為，難以進入「理學框架」，不能「抽絲剝繭」，由結構、邏輯、「內在理路」作細緻的分析，是能力／訓練的缺陷。我的不在「既定的理論框架之下建構關於『近代』的整體性敘事」，多少也因對那種路數並不熟悉。對理學的難以進入，既限制也「成全」了我的研究，使我有可能少一點成見、避免沿襲現成的論述角度，以及受制於那一整套概念體系。這又與前面說到的「空著雙手」的研究策略有暗合。

問題、命題重要與否的認識，對輕重順序的確認，不能不受制於先前的學術積累。經了梳理且被一再言說的話題，更有機會被說下去，且不斷增值，而另有一些精彩的言論，因了像是偶然的訪客，未被闡發、被說下去，即隨風飄逝在了時間中。對文獻的重新發掘，尤其對文獻的深度閱讀，有可能使我們別開生面，多少改變一點與價值、意義有關的已有認知。

迄今為止，打動了我的，始終更是那些貼近士大夫的人生境遇的思想，更直接地反映著他們在這一歷史瞬間的感受與命運，他們以之回應衝擊、震撼的思想。還應當承認，某些言論材料的被我選中，也因了富於感染力的表達。士大夫的「精神氣質」也系於他們言說的態度與方式，這一點往往被忽略。言說被抽離了具體情境中的具體生命，不再是曾經鮮活的個人的言說。無論討論明清之際士人的經世、任事，還是清理他們有關井田的談論，我都曾感動於明代、明清之際士人立身處世的嚴正，儘管正是那種「道德嚴格主義」值得分析甚至質疑。在一個堤防隨處潰決，似乎一切都漂移不定的時期，我的確懷念那種嚴肅：對歷史的莊重承諾，對意義的追尋。在別人讀出灑脫、飄逸的地方讀出嚴肅，不消說也出於對「晚明」、「明清之際」的感受的個人性。我為此有必要一再申明自己無意於作一概之論。我相信那段歷史生活的豐富性，其色彩的繁富與駁雜。

相互銜接或重疊的思路，大意近似的議論我在研究中一再發現亂離中互不相謀的士人間議論之合。思想史的「秩序」似乎不限於思想之為依循時間的序列，而另有思想的空間分佈。錢穆說自己發現王夫之「生平蹤跡所及，止於湘桂之間」，少「師友往還」，然而其對於宋明理學的針砭，與同一時期浙東的黃宗羲、陳確，河北的顏元、李塨，稍後的戴震，「大略皆相一致」。由此可見「學術思想，到必變之時，其所以為變者，固自有豪傑大智為之提倡，而風氣轉動，亦自有

不知其然而然者存其間。故得閉門造車，出門合轍，有如是之巧」
（《中國近三百年學術史》第三章，頁 116）。至於看似不相關的論題
中的線索，竟不期然地在某一點上相遇，也會令你有意外的驚喜。你
知道在它們的相切、相交處，定然有尚未被發現的思想史意義。諸種
不謀之合，其條件可能包括了其時的印刷出版影響於言論、著述的流
布；大規模講學與「黨社運動」，遊學的風氣，社會動盪中士人的播
遷對於思想傳播的推動，等等；當然，論者間更有同處的政治情勢、
社會危機，共同面對的問題、難題。令人迷惑的是，由那一時期的交
通條件，不足以解釋士人間極其活躍甚至規模驚人的交往；由其時的
驛遞、郵傳，邸報以及坊間的出版物，也不足以充分解釋資源的共
用、思路的相接。造成我們所察知的言論場，或許另有我們未必知曉
的交流管道。

　　對於言論材料的定向搜集容易造成一種印象，似乎那些古人也如
我們，常常在組織諸種專題討論。事實是，那些被我們認為相關的論
說，有可能是在極其不同的情境中發表的，各有其動機以及針對性。
當我們把它們組織在某種論述中，它們不可避免地被改造了。即使這
種改造難以避免，意識到這一點仍然是必要的。綜合之為方法自然有
效。我們總是在「整理」、「梳理」、「清理」，不妨同時意識到我們的
工作方式可能造成的問題。意圖、旨趣的統攝，不但有可能掩蓋差
異，且有可能在抽取思想材料時，使之出離了原有的脈絡。將你的論
述修整得光潤是容易的。揀取一組材料證明某種結論從來不難，難的
是如何解釋那些相異相反之論。異同之辨，最能考驗學術能力。「整
合」，是近些年來使用得極濫的字眼之一。為避免過度地整合，不妨
嘗試著復原「眾聲喧嘩」的言論場，分辨「眾聲」間細微的差異。我
力圖將「犯沖」的色調、相互扞格的言說一併納入分析範圍並非有意
破碎；「斑駁陸離」，「雜遝」，的確是我讀史所得印象。當然，也須找

到使「眾聲喧嘩」、「斑駁陸離」得以呈現的形式，以生動地展示其時的思想氛圍。在這種努力中，也才更有可能因遭遇阻力而想到檢討已有的學術方式以至學術文體。

還應當考慮到，由於印刷、發行條件的限制，文集中的「言論」囿於流布的範圍，與朝堂上的言論，有效應的差異。而你在整理「話題」時，不免將其時「公開發表」、有可能影響廣泛（經由邸報等）的言論與私語（書劄等）以至自語（如其人生前未經發表的日記及其他個人檔），統統作為無差別的「言論」搜集與展示了。如若再考慮到文體在形成言論方式（以至態度）方面發生的作用如「正史書法」對於敘事，時文、策論之於章奏，以至於士人慣用的其他政論文體之於他們的論政方式問題自然有更為複雜的性質。

此外，不言而喻的是，「危機時刻」士人的言論行為，其邏輯不但積累在此前漫長的歷史歲月裡，還埋設於「平世」、「日常」的生活流程中。做後一方向上的追索，與「史」的清理同樣困難。如此看來，可以致力的方向尚多，只是我們未必擁有相應的能力與手段罷了。

現　象

將「話題」與「現象」分列，只是為了行文的方便。其實如《續編》的「現象研究」，作為分析材料的，仍然更是「言說」。

上個世紀80年代（尤其80年代初），中國現代文學研究界的一批學者表現出對「知識份子問題」的極大興趣。值得特別指出的是，他們的有關思考沒有迎合那個「撥亂反正」時期的普遍取向，即對曾經的「主流」做簡單否定。他們嘗試著反思「中國革命與知識份子」，保持了對於問題的複雜性的知覺。由這一點不妨認為，這個學科在幼稚中包含了某種成熟。

　　錢理群為拙著《艱難的選擇》新版（上海文藝出版社，2001）所寫《前言》中說，這一代中國現代文學研究者，「在精神譜系上與新文化傳統相聯結，並進而把自我的新覺醒轉化成了新的學術」。其實一代學人取向互異；錢氏所說，或許更是幾個同道。以回答困擾自己的問題首先即所謂的「知識份子道路」問題為一部分動機、動力，使他們的學術工作在起點處就與前代或後代不同。在「文革」的大動盪之後，有關的問題被認為有極其緊迫的性質。這種緊張性，構成了他們的學術工作的內在張力。即使經了一段時間回頭看去不免青澀，也仍然不難察覺充溢其中的生機、元氣。「把自己也燒在裡面」，確也是富於生命感的學術。研究者的經驗積累被最大限度地調動起來，似乎也只是在這一不長的時期。我不能肯定，如若沒有上述學科背景，當著1990年代初在香港中文大學的圖書館讀書時，「遺民」這一現象能否對我有那樣強烈的吸引。由「五四新文學—知識份子問題」到「明清之際的士大夫」，專業背景勢必影響到進入的角度與研究旨趣。既然不可能「空著雙手進入歷史」，就不妨弄清楚我手中有的是什麼已有的學術準備以及形成了的思維方式、研究習慣，不可避免地預先影響到一項研究的結果。也因有前此「知識份子研究」的積累，我才能在《明清之際士大夫研究》下編的《遺民論》中說，「遺民未必是特殊的士，士倒通常是某種意義、某種程度上的遺民」；遺民以其特殊形態，「表現了士的一般面貌：士對生存的道德意義的注重，士在與其時其世、與當代政治的關係中自我界定的努力」（見該書，頁265、256）。[3]當寫出如上的文字時，想到的必定是知識者與自己所處

3　這裡我強調了「遺民現象」的普遍性，無論作為史實，還是作為象徵、隱喻，卻仍然有必要將「遺民」在隱喻意義上的運用與作為身份符號區分開來。對於明清之際自居遺民的士大夫，也有必要追問是什麼意義上的遺民。任何譬喻都是跛腳的。我在本書第三篇已經寫到，即使明清之際，被指為遺民、甚至也自居遺民者，「遺

的時代，知識者的自我想像、自我認同、定位，他們賴有「距離」保有自身品性的努力，等等。在明清之際的士大夫，上述意識賴有經典命題而表達，其中就包括了顧炎武所說為孔、孟「恒言」的「出處、去就、辭受、取與」。自「士」生成之日起，這些課題就存在，只不過到了易代之際被時勢格外強調罷了。

明遺民是一個較為龐大的物件，要求你持續地投入。「正編」之後，與遺民有關的論述，仍然在其他題目中繼續。「遺民」已經成為了我讀取「明清之際」的重要線索與角度。這項研究始終有這樣一批人物相伴，也證明了最初的選擇於我的意義。我相信不經由個案，難以深入「歷史」；不經由具體個人的命運，無由想像一個時期的歷史生活。遺民現象探究使得我關於「明清之際」的論述落到了實地，「歷史」於我，有了血肉之感。[4]但也應當想到，緣遺民而進入明清之際，所取不免是特殊的「入口」，有必要隨時意識到其構成的限制即使你拒絕對遺民立場的認同。明遺民本是一個色彩強烈的物件，有其「特質」，有普遍的精神品格，其中又有特具魅力的人物。你的被感染，幾乎是不可避免的。有必要警覺於出入之間：入而能出，不試圖在研究物件間扮演一個角色。可以著力之處，就包括拆開（非「拆穿」）了讀遺民傳狀，讀遺民的自我塑造，以及被塑造。在我看來，遺民研究還大有開發的餘地。遺民不世襲，遺民的行為方式卻有朝代間的承襲，所鍛造的精緻的表達方式、語義系統，為「士研究」提供了豐富的材料與特殊的精神深度。

民」一名也可能是一件過於窄小的衣裳。此外，在研究中將明清之際的遺民與近代知識份子區分，不以「我們的問題」替代「他們的問題」，也是我隨時想到的即使「我們的問題」的確一定程度地構成了通向「他們」的路徑。

4 偶爾也想到，近代以來的史學體裁，像是未能由傳統的紀傳一體充分受益。事件史，問題史，觀念史……「歷史人物」往往找不到適當的位置以安頓。本書提到的諸《南明史》，大多寫戰局生動，卻令人看不清人物的眉目。

　　考察「遺民」之為現象，自然要憑藉政治史的視野。上文提到的一些中國現代文學研究者避免對曾經的「主流」做簡單否定，具體表現就包括了對中國革命史的繼續關注，而不趨附「文革」後一度的「去政治」的取向。政治屬於歷史生活的基本面。政治史不等於事件史，但政治史的確特重被認為「影響歷史進程」的「重大事件」。選擇「易代之際」為時段，也因相信政治史的視野依然有效。由《戾氣》到《經世・任事》，興趣無不在政治中的人，政治中的人性。由「現代中國知識份子道路」，到「士大夫政治」、士大夫與政治，在我，是跨時段卻有連續性的思考。兩個時段的研究均力求面對人的基本經驗，包括政治經驗，與政治有關的經驗。在我看來，政治史與「社會生活史」、「文化史」、「心態史」的視野可以互為補充，沒有必要於其間刻意去取。

　　《續編》中的《經世・任事》一章，探究的是士大夫與王朝政治的關係，他們的政治實踐，尤其體制內的實踐。這項工作進行得相當艱苦，因處理的是上文說到的「傳統話題」（「經世」），必須面對大量的已有論述，不免使思考受到擠壓。選擇這一題目，自然因了被明代士大夫的政治姿態所吸引。[5]儘管被認為已是「中華帝國」的晚期，明代的「士大夫政治」卻異常活躍。「活躍」的諸種表徵已為人所熟知。對「經世」作觀念的梳理，非我所宜承擔。我一度找不到合於自己興趣的論述框架。此後雖由大量的材料中提取了「任」一類字面，卻並不認為就是那個時代思想言論中的「關鍵字」即使對其出現的概率有

5　臺灣「中央研究院」近代史所曾於1983年舉辦「中國近世經世思想研討會」，會後出版的論文集收入了張灝的論文《宋明以來儒家經世思想試釋》，其中說到經世與修身為儒家人文思想的中心觀念。該文還談到經世觀念的三層意義：這一觀念代表儒家所特有的基本價值取向，入世、淑世精神；它主要是透過政治表現其入世精神的，目標在建立和諧的政治社會秩序；人格本位的政治觀。

粗略的統計，也未必就能作此認定。某種現象、某種言說被留意，必有整理者主觀方面的理由，即使你事先像是並沒有明確的意圖。

我注意到，從來討論明清之際「經世思潮」的，對任事者的故事缺少關注。純粹的「思想史」興趣，未免將思想與活的人生割開了。我還想到，關於「經世思潮」的整體描述，有可能掩蓋其複雜的結構。無論嘉、隆之際還是明末清初，都不曾出現過內部一致的經世「運動」。不僅於此，在我看來，兩個時期有關經世的論說中，都不曾呈現思想重大變動的跡象、徵兆。我所讀到的，更是諸種言說的延續。清理這些思想材料，我也如預期的那樣，「發現」了強調「有用」、注重事功的傾向。我們不難有此「預期」。而明人、明清之際的士人確也積累了有關的「批判思想」，只消從文獻中抽取加以整理罷了。這種工作是容易的。我曾經嘗試著用了檢索「關鍵字」的方式，搜集一些語義互有關聯的語詞的用例，即如「事」、「物」、「事功」、「功利」、「作用」等，後來放棄了。我發現將追求「事功」、學求「有用」作為其時士大夫的主流論述，以至作為時代思潮，仍然根據不足。我們很容易搜尋到足夠的材料支持一種大判斷甚至無論怎樣的判斷。這樣地梳理思想史，並不像是一種多麼艱苦的學術勞作。更有意思的，或許是同一時期甚至同一人那裡看似相反的取向，即如身任救亡之責的士大夫強調「知不可而為」，申明目標更在「自靖」、「自盡」（按「自盡」即盡其在我）。由此看來，其時士人的任事，不止緣於道義責任，也緣於（甚或更緣於）內在要求。我的有關論述的特別之處，或許即在士大夫的事功追求，與「自靖」、「自盡」的關係。以「自靖」、「自盡」為目標，既基於現實處境，作為對個人所無法解脫的困局的因應之道，也聯繫於淵源古老的思想：為人／為己（「古之學者為己，今之學者為人」），知不可而為，以此反抗絕望，自我救贖。追求事功與「自靖」、「自盡」，功利與非功利相反相成，有結構

的複雜性；卻又不能不想到，如此地提取兩項對立，會導致另一種簡化，將之外的表述也將兩項間細緻的層次區分遮蓋了。尋找對立項，本來也合於思維的慣性。但上述清理仍然有其意義：畢竟抉發了被忽略的面向。即使不能復原歷史面貌的豐富性，也不妨力求發所謂「未發之覆」的吧。

對於「任」的道義價值的伸張，「自靖」的作為目標，賦予了世俗政治實踐以某種「超越」的意味。我確也由此讀出了上文一再提到的那個時代士大夫的「嚴肅」，儘管其極端的表現即有所謂的「戾氣」。對理學的隔膜無妨於我欣賞儒者、理學之士的嚴肅，「理學人格」的高貴。這裡我只是在說明支持我進行一項研究的個人情懷：我需要一點職業之外的理由，以便將學術工作堅持下去，這理由包括了某種契合、吸引。當著動力已消耗殆盡，仍然會有如上的感動，是我自以為幸運的。

作關於明清之際士大夫的研究，我的關注始終更在精神層面；即使制度探究，也落實在制度之於精神、人格的塑造。分析士人遊幕，關心在幕賓的心理，而非其時幕業的狀況；討論師道、師門，興趣亦在士的自我認知、定位，而非其時的學制、各類教育機構的設施。關於明末清初士人經世取向的研究，所設目標也不在「經世之學」的構成，而是著力於士人「任事」這一種選擇，他們與經世有關的動作（如制器），尤其上文說到的，追求事功與「知不可而為」、「自靖」之間的微妙平衡。

制度探究，以《續編》的《談兵》一章較為細密；寫作該章的動機之一，卻在嘗試如下的研究方法，即經由兵制的考察，給作為「士風」的「談兵」以背景：士大夫的熱衷於此種話題，受到了何種制度的支持與鼓勵。先預設了制度之於人的塑造，而後尋求論證，同時小心翼翼地警惕不被預設所限，隨時釐清其限度、邊界；既關注制度作

為「造人」的條件，也力圖不忽略作用於人的制度外的諸種因素。先在的意向可能會有效地推動一項研究，但對那種意向本身保持懷疑，是絕對必要的。該章所作的制度考察或許並不成功，但經了這一番操作，使我更堅信一時代的典章制度影響於該時代人文風貌，以至直接間接地塑造該時代士大夫品性的巨大能量。陳寅恪說過，「政治社會一切公私行動，莫不與法典相關，而法典為儒家學說具體之實現。故二千年來華夏民族所受儒家學說之影響，最深最巨者，實在制度法律公私生活之方面……」（《馮友蘭中國哲學史下冊審查報告》，《金明館叢稿二編》，頁283）不但知識者的氣習，而且「社會風氣」，均不免暗中受到制度的控馭。當然，選擇「談兵」為題，也因了好奇，對知識人這一姿態中包含的激情因素的興趣。我自己也經由這一題目而談了一點「兵」，即明代軍事。

「士風」的制度根源，從來是易於忽略的一個維度。「士風」原本就虛，士風論者往往滿足於架空而談；有可能補入的，或許就是制度考察這一「實證」的層面。我對於自己這一方面的能力，從來缺乏信心，卻相信能力賴有訓練；即使到了學術活動的末期，也仍然希望保持那種自我訓練的狀態。

每一現象均有其「前因後果」，倘窮極搜索，必能達於廣遠。「具體」非即「小」；問題在於依你的能力與積累，能抵達怎樣的廣度與深度。組織、排比已有的思想材料，永遠比之於分析一個具體現象容易當然，也要這現象有分析的價值。每每見到這樣的題目：「說不盡的……」。在我看來，所以「說不盡」，不止因物件的不可窮盡，也應當因了述說者無休止的自我懷疑與否定。你的任何一項認真的研究，都有可能成為機緣，有助於你獲取更大的學術空間。[6] 即使選題出諸

---

6 當年做以老舍為題的學位論文時，不可能預知將有機會借助於當代京味小說，延伸其中的思路。《北京：城與人》不但使我發生興趣於城市故事，也一定潛在地影響

偶然，一旦啟動並有了一定的積累之後，仍然有可能被形成中的思路所牽引、推動：你不斷發現新的線索，為此而輾轉搜求新的材料。於是你的研究走到了始料未及的地方。形成中的「論述」儼若成了「生命體」，在「自行」生長。直到現在，我仍然體驗著被一項研究所推動所催迫的那種情況，如我在《續編》的《後記》中所描述的，「物件的輪廓漸次顯現，其層次肌理儼若觸摸可及；由此及彼，由近及遠，版圖於是乎擴張」；也就這樣「被一個個具體的認知目標所吸引，被由一個目標衍生出的另一個目標所推動，被蟬聯而至的具體『任務』所牽繫」；終於「抽繹出了現象間的聯結」，「發現了言論間的相關性」；「錯綜交織的『關係』如網一般在不意間張開，這背後無窮深遠的『歷史』，似漸漸向紙面逼來……」在這過程中，明清之際對於我，不再是冷漠的客體，純粹的「認知物件」。它以某種方式進入了我的生活。

　　我的研究部分地依賴於「觸發」。你並非總有機會被「觸發」，也不便以「觸發」為必要條件。青年郭沫若有「做出來」／「寫出來」的說法，以「寫出來」為高於「做出來」的境界。我關於明清之際的研究，有些題目，確是「做出來」的，如《經世‧任事》、《君主》、《井田、封建》，也有的則略近於「寫出來」。後者就包括了《戾氣》及《明遺民研究》中的若干章節。這種區分只關涉個人的學術經驗、學術因緣；「做」或者「寫」，對於該項研究的品質，並沒有決定意義。沒有「觸發」也要「做」，屬於學術工作者的職業倫理。倘不一味功利，應當承認有些選題逼我補了某些門類知識的課，逼我嘗試不熟悉的路徑，對此應當心存感激。

了我關於明清之際的想像，即如這一具體空間以何種面目參與了「歷史」這是你當初選擇「老舍—北京」一題時不可能料及的。

在差異中探尋歷史

一種選擇的意義，往往要在遙遠的事後才能明白。從事關於明清之際的這項研究，在我，不止是更換「領域」，而且是再度訓練，在適應物件的過程中，換一副筆墨，開新境界。我因此而有了由其他學科獲益的機會，尤其史學，包括明清史學，20 世紀前半期的史學，大陸與臺灣的當代史學，以及國外漢學。這使我有可能由不同的學術傳統、學術方式得益。我尤以為幸運的，是與優秀的史學家、典範的史學著作相遇，全祖望、楊鳳苞、傅以禮，陳垣、陳寅恪、孟森、錢穆⋯⋯我體驗了重新學習「做學術」的興奮。這無疑是美好的經驗。我慶倖將自己的思考置於一個充滿挑戰的領域中已有的思想與學術積累，正是「挑戰」的一部分。

「向史學學習」之於我，也難免兼有正面與負面的意義，激發了一部分潛能，卻另有壓抑。溝口雄三強調歷史學家的「無我」，認為「只有在這種『無我』的狀態下，歷史學家的主體性才能真正地充分呈現出來」（《關於歷史敘述的意圖與客觀性問題》，《學術思想評論》第11輯）。謝國楨自序其《明清之際黨社運動考》，說「為讀者不感枯燥起見」，有時不免「煊赫」一點，後來修改，即將此「煊赫」之處刪去，「仍鈔錄原文以存真相」。或許在「書法」上，我們已形成了過於狹窄的尺度？文學敘事與史學敘事，無非面對同一世界的不同態度，對於同一過程的不同想像方式與敘述策略。對於這種「不同」，客觀／主觀二分已不盡適用。其實較之史學，文學往往更富於生氣，更不安分，更具有「革命性」，更有「突破」的衝動。借諸 20 世紀的理論視野，文學敘述更有可能保有對敘述本身的懷疑，更有反躬自省的能力；史學則形成了較強大的規範，由「正史書法」，到近代的教科書體裁。我發現自己有必要重新認識「文學」對於我是什麼，文學

研究的經驗對於我意味著什麼。向史學學習而不失卻文學研究者的面目，在我或許是更為重要的。

中國的傳統學術文史原不甚分，既不嚴格劃界，也沒有形成刻板的文體規範，因而便於容納非嚴格邏輯、嚴格條理的內容，有表述的個人化、個性化的空間。《柳如是別傳》熔評點、考據於一爐，亦文亦史；孟森的人物考也如是。由此不難感受中國文化寬裕的一面。[7]上述文史之學，基於文史內在的相通非止於學人的「兼擅」。這種學術更賴有學養、稟賦，也更便於淘汰平庸。當然也有其弊，即如有可能自說自話（不強調學術積累），有利於天才的發揮而不利於中材的培養（因無嚴格可循的規矩）。這種學術傳統被近代學科制度所改造，人才早有了斷檔之虞，令人不能不痛惜於「本土資源」的長期被漠視。其實本世紀初近代「學科制度」引進過程中，尚多有能會通中西的學者，所作學術非此非彼，文史兼備；只是此後因沒有了適當的條件，使得包含在前輩學術中的優秀品質，難以得到充分的承繼與發揚罷了。

古代中國的學術，筆記應當是重要的一體，以片段性為特徵；考據、注疏，以至禪宗語錄、理學語錄、講學記錄，就文體而言，似乎都未出此範圍。這種文體不便於嚴整體系的構建，卻也因此留出了諸多空際，有可能發展出較大的論述空間。「片段性」未見得由於能力的缺失；作為根底的，或許正是古代中國人的思維與感覺方式。筆記之外，另有文集。《劍橋中國明代史》的編寫者說：「儘管在15世紀後期，官吏、學者或文人的私家著作集開始多起來」，但沒有被歷史學

7　《朋友‧客人‧同事晚清的幕府制度》的著者K.E.福爾索姆在該書《前言》中說：
　　「在中國史研究中，歷史事件、制度和人物太多地散發著一種冷冰冰的、沒有人情味的氣息。中國人的濃烈的溫情和仁愛消失在職官名稱、章奏和上諭的一片混雜之中。」（中譯本）陳寅恪、孟森的中國史研究顯然不在其中。

家充分利用（中譯本，頁 850）。但說「實際上還沒有人這樣做」，至少失之絕對。陳垣的《清初僧諍記》、《元西域人華化考》等，就大量利用了士人文集。有人說到錢基博、錢鐘書父子的「集部之學」，可惜的是這種學問確已不大有人問津，至少集部的史料價值未能受到足夠的重視。

我八九十年代之交的由中國現代文學轉向「明清之際」，多少也因了以經歷、經驗為支撐的「知識份子研究」臨近了極限，難以避免自我重複、複製，想試探是否有可能憑藉另一時段而突圍。事後看來，非有此番轉向，或許終不會體驗到學術是何等艱苦的「勞動」。當著「才氣」不足以憑藉，不能不回到了最基礎的工作，即如文獻的清理。「文獻功夫」關係知識水準。由某一方面的知識水準看，我們與前輩學者相去不可以道裡計。資訊發達，不一定意味著知識水準的提高。理論可以日新，某些方面的知識積累卻難以遽有。比較不同世代學人的知識狀況，你會相信學術並非總在「進步」。近代以來的學術環境，不鼓勵某種知識興趣，經了嚴格規範的學術文體，也使得有關的知識難以獲取形式。

從事關於明清之際的研究，臺灣學者以他們對中國歷史文化的深刻理解與良好的學術訓練，使我由他們的有關論述與研究方法兩方面獲益，同時也察覺了基於不同的知識背景、學術資源的差異。國外學者的有關著作則給了我另一種機會，以比較看取古代中國的眼光的異同。異同之辨有助於形成自己的視域、角度。《劍橋中國明代史》認為：「作為整體來看的中國制度史的作者，傾向於強調帝國行政一致的方面，而將他們的陳述普遍化。」「一般的資料可能經常描述一種實際上根本不存在的劃一的局面」（中譯本，第十二章，頁 829）。這批評是否切中肯綮？另如同書的作者注意到，古代中國的官修史書中，「記錄下來的事實大多以奏議摘錄的形式出現，因為主管官員是

以這種方式把事件向皇帝報告的」；那些史官認為，「沒有必要把事件記錄在它們實際發生的那個日期下，而是記錄在向皇帝報告和在皇帝面前討論的那個日期下」（同書同章，頁 797、798）。對於這類細節的敏感，顯然賴有不同的文化背景。K.E. 福爾索姆則指出，在「傳統中國史志和傳記」裡，「一個中國政治家的政績會被詳細記載下來，可他的生日卻通常付之闕如」（《朋友・客人・同事晚清的幕府制度》一書《前言》，中譯本），這類我們習焉不察的現象，豈不值得玩味？其他則如本書已經提到的，對空間、地域的敏感，對人物的地域背景（由南北直到省籍）的關注。上述關注無疑因了相信該因素具有為我們所不曾認識的解釋力。

關於我由以獲益的史學，還有必要提到在新銳那裡或已過時的布羅岱爾，他的《菲力浦二世時代的地中海和地中海世界》與《十五至十八世紀的物質文明、經濟和資本主義》。《地中海史》所述，自1556年至1598年，即嘉靖三十五年到萬曆二十六年；15到18世紀，即明初（建文朝）到清中葉（嘉慶前期），與我選取的時段大致相合。可惜我較晚才接觸這兩部書；倘若能早一點讀到，在閱讀文獻時，興趣範圍會大大地不同。諸多有意思的細節，因缺乏那一種視域，缺乏相應的敏感，被輕易地放過了。「以材料取勝」，往往被作為缺乏理論視野、分析能力的辯護，問題是，所取是什麼樣的材料，材料背後有何種問題？

布羅岱爾所使用的材料，就包括了通常被歸入「文學類」的遊記、小說等，即如《地中海史》所引用的拉伯雷關於這一海域航海生活的記述（中譯本，頁 146）。他雜用其時性質不同的文字材料，由官方檔到私人信件。他由一本「偶然保存下來的 1543 年的馬賽登記冊」，得知其時輸入馬賽的貨物的來源與品種與它們的買主；他引用當時威尼斯大使的文字，提到義大利人「在法國客店就餐的情景」，

以至於「飯菜之豐盛」（同書，頁 311-312）。該書證明法國影響力的擴張的「細微的跡象」，包括了法國王后的令西班牙宮廷貴婦們「心醉神迷」的梳妝箱，法國時裝樣式與法國上流社會的繁瑣禮儀（同書，頁 312）。布羅岱爾大量引用小說中的細節描寫縱然小說的故事是杜撰的，細節則可能直接取自「生活」。「全方位」與細節的豐富性，材料的繁富與來源的多樣，使得該書中的「歷史」不但可以由各個角度看取，而且是具體可感的。

文學與史學有諸多交接點，共有的切面。即使經了近代以來的學科化，各有其規範、功能，不能相互取代，仍有可能互為啟發、補充。流行過「回到現場」、「觸摸歷史」一類說法。渴望接觸物件粗糙的表層，復原其感性生動性，可供觸覺體驗的質感，努力經由「觸摸」與物件交流，也更是文學研究者的態度。文學的方式有助於重建一時代的氛圍，復原其時社會生活的鮮活面貌儘管想像活動不能不受制於知識與經驗。

傳統的文史之學，依賴於學人的學養與訓練；近年來史學與文學的重疊交錯，卻憑藉了不同的條件。借助於某種理論框架，文學與史學的關係被重新認識；對於文學研究者，這無疑是一個好消息。我在陶希聖寫於 1930 年代的《中國政治思想史》的小序中，讀到了如下的一段文字：「有些人說歷史是文學家的事，我不以為然。我以為歷史是社會科學家的任務。文學家下筆寫歷史時，也有自覺或不自覺的歷史哲學在心裡。倒不如社會科學家本有他的原理和方法在心裡，比那些口說沒有成見，心卻有拒人千里之外的成見的無自覺的人來得明白，去得磊落些。」（上海：新生命書局，1932）那是個「社會科學」及其「原理和方法」受到崇拜的時代。比較之下，才會知道與「歷史—文學」有關的思路已發生了怎樣深刻的變化。

文學閱讀與文學研究的經驗，使我不大信任過分清晰的描述，對

既有的敘事時有懷疑，往往會想到事情或許是另一個樣子，文字背後或許隱藏了什麼，想翻看一下背面、另一面；關心情境、細節，以至「史所不書」處也像是由文學研究中形成的態度。其實在我看來，動手做任何一項研究，都無須先確認其專業屬性。我自己的中國現代文學研究，就未必不是在將「文學材料」作準思想史的運用，與嚴格意義上的文學研究不免有間。1990 年代有「跨學科」的提倡，像是一種時尚的姿態。學科壁壘的打破並不就許諾了新的前景。至於我自己，並沒有因變換研究領域而有意識地調整姿態。我承認自己是「文學研究者」，並非出於自謙。除了肯定一件事實，也因相信文學研究有不為專業所限的意義。文學之於人性、人的性情、心理，文學之於個別、偶然，文學之於感性，文學對於差異性的敏感，文學之於另類人物、「事實」的興趣，文學面對繁複、混沌的態度……這裡還沒有說到，文學在一種特殊情境中，有可能使不可言說者得以言說。

嘗試進入明清之際那段歷史，我仍依著形成於文學研究中的習慣，一家一家地閱讀文集。由文集入手也為便於「讀人」。這正是我的興趣所在。由中國現當代文學到明清之際的思想文化，在我，一以貫之的，是對「人」的興趣，對士大夫—知識者的興趣，對心態、精神現象的興趣。明清之際吸引了我的，始終是人，是人物的生動性，和由他們共同構成的「歷史生活圖景」的繁富色彩。即使面對「事件」，吸引了我的也更是人。能感動，被光明俊偉的人格所吸引，是美好的事，即使對「學術工作」無所助益。設若沒有那些人物，我不知道自己是否有興趣將這項研究堅持至今。也如同在文學研究中，我需要一種類似「呼應」的感覺區別於「尚友」。這也足證我的確是一個文學研究者。

本篇題為「尋找入口」，涉及的是屬於我個人的學術經驗。這些

經驗無不抽取於事後。在高校演講時，談到由既有的研究格局與學術方式中突圍。其實我自己在嘗試進入明清之際這一時段時，不曾想到什麼「突圍」，因為沒有意識到身在圍城。那時是苦於不得其門而入。「圍城」之感是後來才有的。尤其在上了軌道、入了轍之後。而突圍的策略，更出於事後的抽繹。一項研究的入口，應當系於研究者的關懷，這關懷自然有因人之異。在認真的學術工作中，你體驗到的更是選擇之難關於學術研究的進路。因為任一選擇都有利弊，沒有絕對無弊的選擇，也沒有普遍適用的「入口」，無論對於進入學術，還是對於進入某一具體的題目。學術活動的趣味，也應當在這裡的吧。

徵引書目

劉基《誠意伯文集》，四庫明人文集叢刊，上海古籍出版社，1991。

蘇伯衡《蘇平仲文集》，四部叢刊初編集部。

《顏鈞集》，中國社會科學出版社，1996。

《李開先集》，中華書局，1959。

唐順之《唐荊川文集》，江南書局據明嘉靖本重刊。

歸有光《震川先生集》，上海古籍出版社，1981。

陳繼儒《陳眉公全集》，上海：中央書店，1936。

朱國楨《湧幢小品》，中華書局，1959。

《劉宗周全集》，臺灣「中央研究院」中國文哲研究所籌備處，
　　　　1996。

顧炎武《顧亭林詩文集》，中華書局，1983。

顧炎武著，黃汝成集釋《日知錄集釋》，中州古籍出版社，1990。

《黃宗羲全集》第1冊，浙江古籍出版社，1985。

《黃宗羲全集》第11冊，浙江古籍出版社，1993。

王夫之《讀通鑑論》，《船山全書》第10冊，嶽麓書社，1988。

《詩廣傳》，《船山全書》第3冊，嶽麓書社，1992。

《搔首問》，《船山全書》第12冊，嶽麓書社，1992。

李／《二曲集》，中華書局，1996。

張履祥《楊園先生全集》，中華書局，2002。

《祁彪佳集》，中華書局，1960。

劉獻廷《廣陽雜記》，中華書局，1957。

冒襄《巢民文集》，如皋冒氏叢書本。

黃宗會《縮齋文集》，上海古籍出版社，1983。

陳貞慧《陳定生先生遺書三種》，光緒乙未武進盛氏刊本。

吳應箕《樓山堂集》，《貴池二妙集》，貴池先哲遺書，1920 年刊本。

《留都見聞錄》，貴池先哲遺書。

方以智《方子流寓草》，明末刻本，《四庫禁毀書叢刊》集部。

《浮山文集前編》，《四庫禁毀書叢刊》集部。

《東西均》，中華書局，1962。

《陳確集》，中華書局，1979。

閻爾梅《白耷山人詩集》，《四庫禁毀書叢刊》集部。

張自烈《芑山文集》，豫章叢書本。

王弘撰《山志》，中華書局，1999。

魏禧《魏叔子文集》，《魏叔子詩集》，《甯都三魏文集》，道光二十五
　　　年刊本。

彭士望《樹廬文鈔》，道光甲申刊本。

曾燦《六松堂集》，豫章叢書本。

王猷定《四照堂集》，豫章叢書本。

錢澄之《藏山閣文存》，龍潭室叢書本。

傅山《霜紅龕集》，山西人民出版社，1985。

徐枋《居易堂集》，上虞羅氏刊本，1919。

金堡《徧行堂集》，上海國學扶輪社，1911。

陳洪綬《寶綸堂集》，康熙乙酉序刊本。

祝淵《祝月隱先生遺集》，適園叢書本。

《朱書集》，黃山書社，1994。

張岱《陶庵夢憶　西湖夢尋》，上海古籍出版社，1982。

杜濬《變雅堂遺集》，光緒二十年黃岡沈氏刊本。

盧象昇《盧忠肅公集》，光緒三十四年重修板刊本。

鹿善繼《認真草》，畿輔叢書本。

《徐光啟集》，上海古籍出版社，1984。

范景文《範文忠公文集》，畿輔叢書本。

黃淳耀《陶庵全集》，乾隆辛巳刻本。

《陶庵文集》，乾坤正氣集。

江天一《江止庵遺集》，乾坤正氣集。

《史可法集》，上海古籍出版社，1984。

錢肅樂《四明先生遺集》，乾坤正氣集。

金聲《金忠節公文集》，道光丁亥嘉魚官署刊本。

呂留良《呂晚村詩》，《續修四庫全書》集部別集類，上海古籍出版社。

朱彝尊《曝書亭集》，商務印書館，1935。

《靜志居詩話》，人民文學出版社，1990。

陳維崧《湖海樓全集》，乾隆乙卯浩然堂刊本。

《戴名世集》，中華書局，1986。

李因篤《續刻受祺堂文集》，道光十年刊本。

陸隴其《陸子全書》，康熙四十八年刊本。

王士／《池北偶談》，中華書局，1982。

卓爾堪選輯《明遺民詩》，中華書局，1961。

全祖望《鮚埼亭集》，《四部叢刊初編》集部。

楊鳳苞《秋室集》，湖州叢書本。

傅以禮《華筵年室題跋》，宣統元年俞人蔚排印本。

李紱《李穆堂全集》，道光辛卯珊城皂祺堂刊本。

李鬥《揚州畫舫錄》，山東友誼出版社，2001。

王應奎《柳南隨筆、續筆》，中華書局，1997。

孔尚任編《人瑞錄》，昭代叢書本。

沈垚《落帆樓文集》卷八，吳興叢書本。

章學誠著，葉瑛校注《文史通義校注》，中華書局，1983。

《章學誠遺書》，文物出版社，1985。

俞正燮《癸巳存稿》，商務印書館，1957。

《明代文論選》，人民文學出版社，1993。

《明實錄》，臺灣「中央研究院」歷史語言研究所校印。

《明史》，中華書局，1974。

《清史稿》，中華書局，1976。

谷應泰《明史紀事本末》，中華書局，1977。

談遷《國榷》，中華書局，1958。

查繼佐《罪惟錄》，浙江古籍出版社，1986。

《國壽錄》，中華書局，1959。

王夫之《永曆實錄》，《船山全書》第11冊，嶽麓書社，1992。

黃宗羲《弘光實錄鈔》、《行朝錄》，《黃宗羲全集》第2冊，浙江古籍
　　　　出版社，1986。

張岱《石匱書後集》，中華書局，1959。

屈大均《皇明四朝成仁錄》，《四庫禁毀書叢刊》史部。

計六奇《明季北略》，中華書局，1984。

《明季南略》，中華書局，1984。

溫睿臨《南疆逸史》，中華書局，1959。

徐秉義《明末忠烈紀實》，民國二十一年抄本，有朱希祖校記。

徐鼐《小腆紀傳》，臺北：學生書局，1977。

《小腆紀年附考》，中華書局，1957。

顧炎武《聖安本紀》，《明季稗史初編》，商務印書館，1936。

李清《南渡錄》，浙江古籍出版社，1988。

邵廷采《東南紀事》，邵武徐氏叢書本。

《西南紀事》，邵武徐氏叢書本。

佚名《研堂見聞雜錄》，《烈皇小識》，上海書店，1982。

張永祺《偶然遂紀略》，張永祺等撰、欒星輯校《甲申史籍三種校
　　　　　本》，中州古籍出版社，2002。

鄭廉《豫變紀略》，同上。

李宏志《述往》，同上。

王秀楚《揚州十日記》，《揚州十日記》，上海書店，1982。

夏完淳《續倖存錄》，同上。

吳偉業《鹿樵紀聞》，同上。

文秉《甲乙事案》，《南明史料》（八種），江蘇古籍出版社，1999。

《先撥志始》，上海書店根據神州國光社1951年版複印，1982。

朱子素《嘉定屠城紀略》，同上。

錢／《甲申傳信錄》，上海書店，1982。

趙士錦《甲申紀事》，中華書局，1959。

《北歸記》，同上。

應喜臣《青燐屑》，《崇禎長編》，上海書店，1983。

徐芳烈《浙東紀略》，同上。

瞿元錫《庚寅始安事略》，同上。

馮夢龍編著《甲申紀事》，《馮夢龍全集》第17冊，江蘇古籍出版社，
　　　　　1993。

馮夢龍《甲申紀聞》，馮夢龍編著《甲申紀事》第一卷。

《紳志略》，《甲申紀事》第二卷。

無名氏《燕都日記》，《甲申紀事》第六卷。

滕一飛《淮城記事》，《甲申紀事》第六卷。

馮夢龍輯《中興偉略》，《馮夢龍全集》第17冊。

餘／《莆變紀事》，江蘇古籍出版社，2000。

鄧凱《求野錄》，《崇禎長編》，神州國光社，1952。

汪有典《前明忠義別傳三十二卷》，《四庫未收書輯刊》，北京出版
　　　社，2000。

史惇《慟餘雜記》，中華書局，1959。

錢肅潤《南忠記》，中華書局，1959。

舒赫德、於敏中等撰《欽定勝朝殉節諸臣錄》，《景印文淵閣四庫全
　　　書》史部傳記類。

趙翼《廿二史劄記》，中國書店，1990。

蔣良騏《東華錄》，中華書局，1980。

劉汋撰《劉宗周年譜》，《劉宗周全集》第5冊。

洪思等撰，侯真平、婁曾泉校點《黃道周年譜》，福建人民出版社，
　　　1999。

淩錫祺編輯《尊道先生年譜》，《桴亭先生遺書》，光緒乙亥刻本。

趙禦眾、湯斌等編次《徵君孫先生年譜》，畿輔叢書本。

黃炳垕撰，王政堯點校《黃梨洲先生年譜》，《黃宗羲年譜》，中華書
　　　局，1993。

陳／編次《鹿忠節公年譜》，畿輔叢書本。

倪會鼎撰，李尚英點校《倪文正公年譜》，《倪元璐年譜》，中華書
　　　局，1994。

王思任原本，梁廷枏、龔沅補編《祁忠敏公年譜》，《祁忠敏公日記》，
　　　民國二十六年八月紹興縣修志委員會校刊，遠山堂原本。

馮其庸、葉君遠《吳梅村年譜》，江蘇古籍出版社，1990。

任道斌編著《方以智年譜》，安徽教育出版社，1983。

孫奇逢《日譜》，光緒甲午序刊本。

黃淳耀《黃忠節公甲申日記》，留餘草堂叢書，《歷代日記叢鈔》影
　　　印，第九冊，學苑出版社，2006。

孔尚任撰，梁啟超注《桃花扇》，文學古籍刊行社，1954。

李格非《洛陽名園記》，《景印文淵閣四庫全書》史部地理類。
羅泌《路史》，《景印文淵閣四庫全書》史部別史類。
《鄭思肖集》，上海古籍出版社，1991。
趙孟／《松雪齋集》，《景印文淵閣四庫全書》集部別集類。
孔齊《至正直記》，中華書局，1991。
周密《癸辛雜識》，中華書局，1988。
楊瑀《山居新語》，中華書局，2006。
陶宗儀《南村輟耕錄》，中華書局，1959。
葉子奇《草木子》，中華書局，1959。
陳邦瞻《元史紀事本末》，中華書局，1979。
錢謙益《國初群雄事略》，中華書局，1982。
萬斯同輯《庚申君遺事》，昭代叢書本。
李思純《元史學》，上海：中華書局，1926。
蒙思明《元代社會階級制度》，中華書局，1980。
韓儒林主編《元朝史》，人民出版社，1986。
蕭啟慶《內北國而外中國：蒙元史研究》，中華書局，2007。
達力紮布《明清蒙古史論稿》，民族出版社，2003。
〔德〕傅海波、〔英〕崔瑞德編《劍橋中國遼西夏金元史》中譯本，
　　　中國社會科學出版社，1998。

《陳垣早年文集》，臺灣「中央研究院」中國文哲研究所，1992。

陳垣《元西域人華化考》，上海古籍出版社，2000。

梁啟超《中國近三百年學術史》，復旦大學出版社，1985。

孟森《明清史講義》，中華書局，1981。

《明清史論著集刊》上冊，中華書局，2006。

《明清史論著集刊正續編》，河北教育出版社，2000。

《明元清系通紀》，中華書局，2006。

《魯迅全集》，人民文學出版社，1981。

周作人《中國新文學的源流》，嶽麓書社，1989。

《知堂序跋》，嶽麓書社，1987。

陳寅恪《金明館叢稿二編》，三聯書店，2001。

《傅斯年全集》，湖南教育出版社，2003。

錢穆《中國近三百年學術史》，中華書局，1986。

《國史大綱》（修訂本），商務印書館，1996。

《中國歷代政治得失》，三聯書店，2001。

郭沫若《甲申三百年祭》，人民出版社，2004。

謝國楨《明清之際黨社運動考》，中華書局，1982。

《南明史略》，上海人民出版社，1957。

《增訂晚明史籍考》，中華書局，1964。

《侯外盧史學論文選集》，人民出版社，1988。

蕭公權《中國政治思想史》，臺北：中國文化大學出版部，1985。

蕭一山《清史大綱》，上海古籍出版社，2005。

翦伯贊《中國史綱要》，人民出版社，1963。

蔣廷黻《中國近代史大綱》，江蘇教育出版社，2006。

顧頡剛、王鐘麒《中國史讀本》，中國工人出版社，2007。

呂思勉《中國簡史》，中國工人出版社，2007。

錢基博《中國文學史》，中華書局，1993。

嵇文甫《晚明思想史論》，東方出版社，1996。

余英時《朱熹的歷史世界》，三聯書店，2004。

南炳文《南明史》，南開大學出版社，1992。

顧誠《南明史》，中國青年出版社，1997。

〔美〕司徒琳《南明史（1644-1662）》中譯本，上海古籍出版社，
　　　　1992。

樊樹志《晚明史（1573-1644）》，復旦大學出版社，2003。

商鴻逵《明清史論著合集》，北京大學出版社，1988。

鄭天挺《探微集》，中華書局，1980。

陳生璽《明清易代史獨見》，上海古籍出版社，2006。

陳高華《元史研究新論》，上海社會科學院出版社，2005。

包遵彭主編《明史編纂考》，臺北：學生書局，1968。

包遵彭主編《明史考證抉微》，臺北：學生書局，1968。

《李文治集》，中國社會科學出版社，2000。

傅衣凌《明清農村社會經濟》，三聯書店，1961。

《趙儷生史學論著自選集》，山東大學出版社，1999。

王汎森《中國近代思想與學術的系譜》，河北教育出版社，2001。

《中國近代思想文化史研究的若干思考》，臺灣《新史學》14卷4期。

黃進興《優人聖域：權力、信仰與正當性》，陝西師範大學出版社，
　　　　1998。

龔鵬程《晚明思潮》，臺北：裡仁書局，1994。

曹淑娟《流變中的書寫祁彪佳與寓山園林論述》，臺北：里仁書局，
　　　　2006。

郭影秋《李定國紀年》，中國人民大學出版社，2006。

黃志繁《「賊」「民」之間12-18世紀贛南地域社會》，三聯書店，
　　　　2006。

邱樹森《妥懽貼睦爾傳》，吉林教育出版社，1991。

高王淩《租佃關係新論地主、農民和地租》，上海書店出版社，
　　　2005。

張文德《明與帖木兒王朝關係史研究》，中華書局，2006。

胡曉真主編《世變與維新晚明與晚清的文學藝術》修訂一版，臺灣
　　　「中央研究院」中國文哲研究所籌備處，2001。

何冠彪《生與死：明季士大夫的抉擇》，臺北：聯經出版事業公司，
　　　1997。

莊吉發《清代奏摺制度》，臺灣「故宮博物院」，1979。

趙園《易堂尋蹤關於明清之際一個士人群體的敘述》，江西教育出版
　　　社，2001。

《近世中國經世思想研討會論文集》，臺灣「中央研究院」近代史研
　　　究所，1984。

郭沫若紀念館、中國郭沫若研究會、四川郭沫若研究學會合編《甲申
　　　三百年祭風雨六十年》，人民出版社，2005。

餘同元《崇禎十七年社會震盪與文化變奏》，東方出版社，2006。

《馬克思恩格斯論文藝和美學》，文化藝術出版社，1982。

〔美〕牟複禮、〔英〕崔瑞德編《劍橋中國明代史》中譯本，中國社
　　　會科學出版社，1992。

〔英〕崔瑞德、〔美〕牟復禮編《劍橋中國明代史（1368-1644）》下
　　　卷，中譯本，中國社會科學出版社，2006。

〔美〕魏斐德《洪業清朝開國史》中譯本，江蘇人民出版社，1992。

〔美〕史景遷《追尋現代中國1600-1912年的中國歷史》中譯本，上
　　　海遠東出版社，2005。

〔美〕施堅雅主編《中華帝國晚期的城市》中譯本，中華書局，
　　　2000。

〔日〕溝口雄三《中國前近代思想的演變》中譯本，中華書局，
　　　1997。

〔法〕費爾南・布羅岱爾《菲力浦二世時代的地中海和地中海世界》
　　　中譯本，商務印書館，1996。

〔法〕謝和耐《蒙元入侵前夜的中國日常生活》中譯本，江蘇人民出
　　　版社，1998。

〔美〕高彥頤《閨塾師明末清初江南的才女文化》中譯本，江蘇人民
　　　出版社，2005。

〔美〕曼素恩《綴珍錄十八世紀及其前後的中國婦女》中譯本，江蘇
　　　人民出版社，2005。

〔美〕K.E. 福爾索姆《朋友・客人・同事晚清的幕府制度》中譯本，
　　　中國社會科學出版社，2002。

〔美〕梅爾清《清初揚州文化》中譯本，復旦大學出版社，2004。

〔法〕弗朗索瓦・傅勒《思考法國大革命》中譯本，三聯書店，
　　　2005。

〔意〕馬基雅維裡《君主論》中譯本，商務印書館，1985。

《明實錄・明太祖實錄》，臺灣「中央研究院」歷史語言研究所校印。

《明會要》，中華書局，1998。

《明經世文編》，中華書局，1962。

《景印文淵閣四庫全書》，臺北：商務印書館，1986。

翦伯贊主編，齊思和、劉啟戈、聶崇岐合編《中外歷史年表》，中華
　　　書局，1961。

新版後記

　　寫作此書時的狀態，已不能追回。也如對自己的其他學術作品，若干年後讀來，總覺陌生，驚訝於當時何以會有這樣的思路與筆墨。近期讀沈從文的文字，有幾處正可借用了狀寫我自己。晚年的沈從文說，重新看看自己過去寫的小論文，「如同看宋明人作品一般」，指的應當是寫於「文革」後期關於文物的文章，還不是盛壯之年所作小說散文。不由你不想到古人的感慨，「歲月之不可把玩如此」！

　　《想像與敘述》在人民文學出版社出版時，由培元任責編。我因此有機會領略培元的那份稀有的敬業。將書稿交到這樣的編輯手裡，的確是你的幸運。

　　對於此書中的訛誤與粗疏之處，劉錚有中肯的批評（見其《趙園的新變化》一文，刊 2010 年 4 月 4 日《東方早報·上海書評》）。新版雖有北京師範大學出版社提供的修訂機會，我卻已無此精力，只是將劉錚提到的一處文字——屬於所謂「硬傷」——刪去，其他一仍其舊。有些缺陷，怕是今生難以彌補了。

　　本書即將出版之時，我要感謝北師大出版社與策劃這套小書的譚徐鋒先生，感謝系列各冊的編輯付出的辛勞。在我的學術工作臨近結束之際，應當如實地承認，三十餘年的學術工作，由出版界與讀書界得到的鼓勵，遠遠超出了我的期待。我的確應當對此表達我的感激。

趙園2015年9月24日

家叢書·趙園選集 A0502005

像與敘述 下冊

者　趙園

輯　蔡雅如

人　陳滿銘

理　梁錦興

輯　陳滿銘

輯　張晏瑞

所　萬卷樓圖書股份有限公司

版　林曉敏

刷　百通科技股份有限公司

計　菩薩蠻數位文化有限公司

版　昌明文化有限公司

龜山區中原街 32 號

(02)23216565

行　萬卷樓圖書股份有限公司

羅斯福路二段 41 號 6 樓之 3

(02)23216565

(02)23218698

SERVICE@WANJUAN.COM.TW

銷

圖臺灣書店有限公司

郵　JKB188@188.COM

978-986-496-041-5

年 7 月初版

新臺幣 240 元

如何購買本書：

1. 劃撥購書，請透過以下郵政劃撥帳號：

　帳號：15624015

　戶名：萬卷樓圖書股份有限公司

2. 轉帳購書，請透過以下帳戶

　合作金庫銀行　古亭分行

　戶名：萬卷樓圖書股份有限公司

　帳號：0877717092596

3. 網路購書，請透過萬卷樓網站

　網址 WWW.WANJUAN.COM.TW

大量購書，請直接聯繫我們，將有專人為您

服務。客服：(02)23216565 分機 10

如有缺頁、破損或裝訂錯誤，請寄回更換

國家圖書館出版品預行編目資料

想像與敘述 / 趙園著.-- 初版.-- 桃園市：

昌明文化出版；臺北市：萬卷樓發行，

2017.07　冊；　公分.-- (當代名家叢書. 趙

園選集；A0502005)

ISBN 978-986-496-041-5(下冊 ：平裝)

1.知識分子 2.明代 3.清代

546.1135　　　　　　　　　　106011524

作物經廈門墨客知識產權代理有限公司代理，由北京師範大學出版社（集團）有

司授權萬卷樓圖書股份有限公司出版、發行中文繁體字版版權。